中国教育三十人论坛丛书
Books of China Education 30 Forum

元宇宙·永续性·积极心理：
教育之未来？

程介明　马国川　石　岚｜主编

YUANYUZHOU YONGXUXING JIJIXINLI：
JIAOYU ZHI WEILAI?

山西出版传媒集团　　山西教育出版社

图书在版编目（CIP）数据

元宇宙·永续性·积极心理：教育之未来？／程介明，马国川，石岚主编. — 太原：山西教育出版社，2023.9

（中国教育三十人论坛丛书／朱永新主编）

ISBN 978-7-5703-3554-1

Ⅰ．①元… Ⅱ．①程… ②马… ③石… Ⅲ．①教育—中国—文集 Ⅳ．①G52-53

中国国家版本馆 CIP 数据核字（2023）第 160658 号

元宇宙·永续性·积极心理：教育之未来？

YUANYUZHOU YONGXUXING JIJIXINLI：JIAOYU ZHI WEILAI?

出 版 人	刘立平
出版统筹	潘　峰
责任编辑	张　平
复　　审	任小明
终　　审	康　健
装帧设计	王耀斌
印装监制	蔡　洁

出版发行　山西出版传媒集团·山西教育出版社

（太原市水西门街馒头巷 7 号　电话：0351-4729801　邮编：030002）

印　　装	山西新华印业有限公司
开　　本	720 mm×1020 mm　1/16
印　　张	10.75
字　　数	128 千字
版　　次	2023 年 11 月第 1 版　2023 年 11 月山西第 1 次印刷
书　　号	ISBN　978-7-5703-3554-1
定　　价	48.00 元

前　言

　　2023 年 1 月 7 日，第五届世界教育前沿论坛成功举办。来自中国及美国、新加坡的近四十位相关领域的专家，围绕"元宇宙・永续性・积极心理：教育之未来?"这一主题进行了精彩分享。

　　"世界教育前沿论坛"是中国教育三十人论坛创办的一个跨领域国际教育交流平台，论坛主席为著名教育家、香港大学原副校长程介明先生。论坛以"引领趋势，开创未来"为宗旨，自 2018 年成立以来，始终坚持推动最新教育思想和最新教育模式的国际交流，推动最新教育科技的应用，促进未来教育的全面发展。在过去的四届，论坛分别被誉为"中国教育的一次启蒙大会""教育与科技的跨界盛会""探索学习新常态的盛会""教育新前沿的成果分享盛会"。

　　本届论坛由中国教育三十人论坛主办，教育部高校国别和区域研究基地华南师范大学港澳研究中心和香港大学教育学院教育政策研究中心作为合作单位，一丹奖基金会和田家炳基金会作为支持单位。

　　本届论坛具有国际视野和前瞻性，内容丰富多彩，聚焦四大议题：一是走近一丹奖得主，二是积极心理与正向教育，三是可持续发展与体验学习，四是元宇宙与教育。特别是 2022 年"一丹教育发展奖"得主朱永新教授和"一丹教育研究奖"得主琳达・达林哈蒙德（Linda Darling-Hammond）教授的主旨演讲和对话，引起了强烈的反响。

　　本届论坛，发表主旨演讲的还有：联合国教科文组织前助理总干事唐虔，香港特别行政区财政司前司长、香港南丰集团主席梁锦松，台湾师范大学教育研究与创新中心主任陈佩英，北京大学教育学院原副院长、中国教育技术协会教育游戏专委会理事长尚俊杰，网龙网络有限公司副董事长梁念坚，华东师范大学信息管理系教授许鑫，香港大学教与学评估及测量组总监、国际积极心理学学会教育部主席赵玥，华东师范大学涵静书院积极教育（中国）中心副主任韩敏，北山堂基金会行政总裁江馨平。另外，还有参加圆桌论坛的 18 位嘉宾。

本届论坛受到了社会的高度关注，20 多家主流媒体对论坛盛况进行了及时全面的报道。网易教育、搜狐教育、巨浪视线和明德云学堂等平台对论坛进行了全程直播，收看网络直播的观众达 231.1 万人次。

作为中国教育三十人论坛的合作单位，自论坛成立以来，山西教育出版社一直给予大力支持，已精心编辑、连续出版"中国教育三十人论坛"丛书 18本，完整记录了论坛各位嘉宾对教育问题的深思熟虑和真知灼见。在此向山西教育出版社表示衷心感谢。

作为国内著名教育智库，中国教育三十人论坛一直将"凝聚社会共识，推动教育改革"作为自身使命。我们将与社会各界关注中国教育发展的人士一道，共同推动中国教育健康发展。

中国教育三十人论坛学术委员会

2023 年 2 月 3 日

目 录

开幕式致辞

从负向教育向正向教育转变，也是一场教育的革命/李盛兵 2

传递教育慈善的能量/戴大为 5

为孩子们创造更美好的未来/马逸灵 9

走近一丹奖得主

教育转型与未来发展/朱永新 14

对教育发展和未来的看法/琳达·达林哈蒙德 24

朱永新对话琳达·达林哈蒙德 30

积极心理与正向教育

积极教育　丰盛育人/赵玥 38

一体两面，清晰建设正向幸福的生命/韩敏 48

一路走来的思考：正向教育在香港/江馨平 55

从"心"教育走向"新"教育/白雪峰 63

积极心理　幸福成长/易永伦 68

培育"有塑造未来能力的领袖"/辜泽鸿 72

台湾正向教育概况/吴相仪 76

推动正向教育，助力学生健康快乐成长/叶碧君 79

可持续发展与体验学习

SDG 4：初衷与挑战/唐虔 84

香港教育的实践案例分享：从 SDGs 到 SEWIT/梁锦松 91

教育的永续叙事：台湾经验/陈佩英 97

香港体验学习案例分享/黄英琦 103

生态文明特色教育探索/宋雅丽 109

"1.5 公里体验学习圈"策略分享/林梅珠 114

鸢山侠客行　染绘碧茶乡/朱肇维 117

元宇宙与教育

元宇宙与教育：本质、价值及未来发展/尚俊杰 124

教育元宇宙/梁念坚 132

教育元宇宙应用研究与实践探索/许鑫 137

斯坦福大学元宇宙课程教学分享/蒋里 145

元宇宙在香港教育领域的应用/陈继宇 149

元宇宙在基础教育数字化转型中的机遇和挑战/蒋宇 153

理念、课程、空间一体化的创客教育/刘海宾 157

跋/程介明 161

附录

第五届世界教育前沿论坛媒体报道（部分） 163

开幕式致辞

李盛兵

华南师范大学教育科学学院院长

港澳研究中心执行主任

从负向教育向正向教育转变，也是一场教育的革命

大家上午好。

我代表华南师范大学教育科学学院和港澳研究中心，向第五届世界教育前沿论坛的召开，表示最热烈的祝贺，对参加会议的嘉宾和老师、同学们表示衷心的感谢。在这里，我要特别感谢程介明老师邀请我们参加此次会议。他是我所敬仰的一位老师。多年来，他始终站在世界教育发展的前沿，研究和引领教育的前沿性发展。我为能与他一起为本届论坛工作，感到非常荣幸。

"世界教育前沿论坛"由中国教育三十人论坛主办，是一个跨领域的国际交流平台。在程介明老师的感召下，该论坛汇聚了国内外众多教育研究者和实践者，大家一起探讨世界前沿的理论和实践问题，在业界产生了巨大的影响。实践表明，世界教育前沿问题的探讨是中国所需要的，是中国教育现代化建设所需要的。要搞好中国的教育现代化建设，离不开对世界教育前沿问题的了解。只有了解了世界教育前沿的理论、成就、经验、实践，中国教育的发展水平才能稳居世界前列，中国才能实现教育现代化。

前四届论坛探讨了学习的革命、人工智能与学习科学、疫情下的学习等问题。本届论坛的主题是"元宇宙·永续性·积极心理：教育之未来?"，这个主题反映了世界教育发展的前沿与转型方向。有人称，2021年是元宇宙元年，

2022 年是元宇宙教育元年。元宇宙教育是一个新的教育形态，是在教育领域整合应用人工智能、区块链、5G 等新一代信息通信技术所构建的虚拟现实教育场景、形态，它将会深刻影响到教师的教、学生的体验学习和校内外、国内外虚拟现实教育场景的建设。科学技术的变革影响教育的转型讨论了一个多世纪，关键是"教育市长"、教育局局长、校长和老师的转型，这个很关键，而学生学习的转型较容易实现。

说到底，本次教育的转型，主要是由传统教育的"教师、教材、课堂"这三个中心向现代元宇宙教育的"学生、资源、虚实场景"这三个中心的转变。正向教育与负向教育是相对的。一般而言，在传统教育中教师、家长对孩子多以负向教育为主，如做作业拖拉、考试成绩差、粗心大意等批评，只起到负向作用。现代教育需要向正向教育转变，以鼓励、表扬、正强化为主，发现孩子的优点和长处，引导孩子正向、积极发展。从负向教育向正向教育转变，是一场教育的革命。对教师和家长来说，也是一个挑战，这是两套不同的话语体系和教育体系。

永续性教育类似于我国的核心素养教育、美国的 21 世纪素养教育，强调终身学习能力、问题解决能力和创新能力的培养，其对立面是强调死记硬背的应试教育。华南师范大学是华南地区最重要的师范大学，我们的教育科学学院也在致力于世界教育前沿和本土教育现代化的研究和实践，愿意和在线的同人一道探索、求索和发展。

预祝本次大会成功！谢谢大家。

戴大为

田家炳基金会总干事

传递教育慈善的能量

首先代表田家炳基金会，祝贺由著名教育家程介明教授发起的第五届世界教育前沿论坛顺利召开。作为支持者，我们很高兴看到论坛搭建了跨领域的国际教育交流平台，通过一系列的专题环节，包括：走近一丹奖得主、积极心理与正向教育、可持续发展与体验学习、元宇宙与教育等，共同探讨学习科学的发展和应用，以及如何把学习科学的最新成果应用于教育和教学实践，推动最新教育思维和教育模式的跨学段和跨学科交流，介绍最新教育科技的应用。

期待参与论坛的专家学者、政策制定者、科技界领航者和一线教育工作者们开展讨论，同时期待他们多角度探讨教育生态带来的改变、挑战与机遇，并分享如何为创新网络时代做好准备，辅助学与教，提高学习效能，以拓宽大家的认知视野。

互联网是现代生活"必需品"。从美国莫尔豪斯学院到斯坦福大学的元宇宙课程，从香港中华基督教青年会小学建设"5G元宇宙智慧教室"到香港科技大学建立全球首个实体——数字双子校园，元宇宙已经成为席卷全球的教育热点。其中备受关注的概念是"沉浸式体验"。按高德纳（Gartner）在2022年所预测的那样，到2027年，30%的人每天将花费至少2小时在元宇宙内工作、娱乐、接受教育和社交。2021年5月，欧盟推出全球首个《人工智能法案（AI

Act）》，规管企业和政府如何利用智能技术。但是智能科技除了牵涉法律，还会牵涉教育认知、科技伦理等，单靠设置法律底线是不够的。

未来的元宇宙应用场景包罗万象，要求学校和教师与时代并进，抓住科技发展的机遇，既要提升学生的认知能力、知识归纳和创建的能力，也要预防其思想行为被操控，确保学生接收正面、健康的讯息。本基金会认为，教师队伍的信息素养是关键，科技只是教学的元素和工具之一，课堂活动的开展、教学策略的实施，都离不开老师对学生的点拨。在精神层面，现在的学生比历史上任何一个阶段都更需要心灵导师。学校不仅要引导其正向成长、正面思维，更要引导其具有包容、关爱、推己及人的仁者之心以及敬畏之心。

我们很高兴看到，有些一线教师已经着手设计能够培养学生的勇敢精神和爱心的项目。例如，学生在现实生活中未必有主动帮助别人的勇气、接纳他人意见的胸怀，但在虚拟世界，当他们遇到需要帮助的人时，可以尝试着踏出第一步，去帮助别人，以此培养学生的正向价值观。在教育公平方面，中西部乡村地区教育如何受惠于人工智能等科技的发展，也是我们基金会的关注点。

本基金会创办人田家炳先生深信"中国的希望在教育""教育的希望在教师""育德比育才更重要"。现在很多孩子缺少来自父母的心灵教导，他们处在虚拟世界和社会资源越来越丰富的时代，反而更容易迷失方向。所以特别希望学界同人能运用教育理念，启迪学生的智慧，传授给他们做人的道理，提升他们的道德素养，引导他们树立正确的人生观、世界观。现代教育改革浪潮一波未平一波又起，各种新兴学科、研究课题可谓层出不穷，教书育人手段也是遍地开花，学生的各类问题不断涌现。田家炳基金会始终相信良好的道德品格是做人不可动摇的根基，并且教师言传身教、立德树人、传道授业解惑的功能不可取代。

近年来，基金会联合专业力量，发展优质教育。我们与陕西师范大学、浙江大学、香港中文大学持续开展中华传统文化及历史文物体验式学习的合作项目。去年起，基金会和香港城市大学合作，为11家香港中小学的学生教授人工智能编程语言。最近从学术期刊上了解到，362名西班牙中学生参与了元宇宙教育设计及验证评估工作。有关研究表明，延展实境（ER）能提升学生的认知能力，并有增强学生自信心的功效。基金会和香港一所大学的中文系正在酝酿一个计划：为大湾区32所中学的学生提供一个沉浸式学习平台。它以延展实境为载体，将诗词中的场景重现，以提升学生对中文经典诗词的学习体验。中文专家、学者将会设计一些场景让学生进行角色扮演，使学生对有关诗词有更深刻的体会。

40年来，基金会传递教育慈善的能量，期待更多有心有力的机构和个人一起来关心、支持教育。随着新时期教育工作者的育人使命和责任愈加艰巨，田家炳基金会定将继续作为大家在未来道路上的同行者，与各位互策互励，携手共进！

马逸灵

——丹奖基金会秘书长

为孩子们创造更美好的未来

尊敬的各位老师：

大家好！

非常荣幸有机会向各位老师介绍一丹奖，以及我们2016年以来一直在努力维护的国际教育创新交流群体的最新运营情况。

一丹奖创办人陈一丹先生是腾讯的主要创始人之一。早在2016年，陈先生就捐出25亿港币设立了这个永续基金，他带着非常强烈的使命感来做教育公益。我们深信，社会进步归根结底靠教育。

从2017年开始，我们每一年都会颁发两个奖项，一个是"一丹教育研究奖"，另一个是"一丹教育发展奖"。每个奖项的奖金均为3000万港币，以表彰与支持个人或团队里最多三位主要代表。奖金部分起码有一半是必须用于开拓教育创新项目的，而一丹奖团队会与得奖者密切合作，在世界各地共同推进跨领域的教育创新，让高质量教育的大门可以真正对所有人开放。这和联合国可持续发展目标4——"确保包容、公平的优质教育，促进全民享有终身学习的机会"，是完全吻合的。

一丹奖的评审委员会主席，是联合国教科文组织前总干事松浦晃一郎博士。在他的领导下，评委会里来自世界各地的13位教育专家，每年花6个月的时间，从遍布 120 多个国家的教育研究与实践创新项目负责人中，评出这两个奖项的得奖者。值得关注的是，我们有一个完全开放的提名平台，每年到 3 月底就会停止接受当年提名。所以，假如各位老师知道有哪些教育家已经在做很伟大的工作并已取得杰出的成果，同时也有潜力继续以教育创新为未来教育发展做出更大的贡献，请浏览一丹奖的网站，我们有比较清晰的提名流程介绍；或者和一丹奖团队联系，我们可以安排视频会议，更详细地分享一些提名时需要注意的方面。

我们很高兴看到，至今已有 13 位一丹奖得主，他们和他们的团队，在亚洲、非洲、欧洲、北美洲和南美洲都有项目。无论是线上或线下，都能够为数以百万计的学生、教师与家长创造更理想的学习与生活环境，甚至让其他教育家都能受惠。

经过不断努力，我们这个国际群体和交流平台，已经与多家国际机构和大型慈善基金会形成协作伙伴关系，大家对接资源、共享知识，共同构建以加快教育创新步伐为己任的生态系统雏形。

在这里，最关键、最核心的，是我们坚守的信念，就是希望通过一丹奖凝聚志同道合的教育家，让大家携手并进，努力奋斗，为孩子们创造更美好的未来。

2022 年的两位一丹奖得主，朱永新教授和琳达·达林哈蒙德教授，他们的成就和理想都是非常令人钦佩的。他们的事迹也告诉我们，一个人可能跑得快，但是要走得远，还是要大家一起走的。希望我们都能过一种幸福完整的学习生活。

最后，祝愿世界教育前沿论坛圆满成功，各位老师身体健康，新的一年事事顺心！非常感谢！

走近一丹奖得主

朱永新

苏州大学新教育研究院教授

2022 年"一丹教育发展奖"得主

中国教育三十人论坛成员

教育转型与未来发展

非常高兴能够与琳达教授就教育转型这个话题进行讨论。我想从我们赖以生存的环境、我们生活的时代出发，分析一下教育转型的特点，以及我们新教育实验的应对策略。

我们赖以生存的环境危机四伏

中共中央总书记习近平先生在 2023 年发表的新年贺词中指出："百年变局加速演进，世界并不太平。"的确，虽然我们对人类未来总体上持乐观的态度，但是我们不能不看到我们面临的许多新问题。

一、地球处于危险之中

2021 年，联合国教科文组织发布了题为《一起重新构想我们的未来：为教育打造新的社会契约》的报告。这份报告指出，人类的未来取决于地球的未来，而这两者都处于危险之中。人类目前的生态足迹表明，我们大约需要 1.6 个地球来支撑当前的生活。

2021 年以来，世界五大洲几乎同时遭遇了许多灾难性极端天气：我国河南郑州遭遇极端强降雨，西伯利亚森林突发大火，欧洲多地持续暴雨引发洪涝灾害，北美出现极端高温天气等。2022 年全球范围内的高温，以及局部地域的洪水和干旱，都一再给人类敲响警钟：留给我们的时间不多了。

二、人类处于病毒之中

早在 2015 年，比尔·盖茨就忧心忡忡地指出，如果有什么东西在未来几十年里可以杀掉上千万人，那更可能是个有高度传染性的病毒，而不是战争。不幸的是，他的担心在 2020 年初应验了。

随着新冠病毒在全球范围内蔓延，变异株不断出现，奥密克戎变异株 BA.5.2、BF.7、XBB、BQ.1 等近期备受关注。

科学家们认为，或许杀伤力更强的病毒还没有到来，更大的灾害还没有来临，但如果我们对此毫无警惕，也许还会措手不及。

三、国家处于对立之中

10 年前，中华人民共和国主席习近平在莫斯科国际关系学院发表了题为《顺应时代前进潮流　促进世界和平发展》的重要演讲。他指出，这个世界，人类依然面临诸多难题和挑战，国际金融危机深层次影响继续显现，形形色色的保护主义明显升温，地区热点此起彼伏，霸权主义、强权政治和新干涉主义有所上升，军备竞争、恐怖主义、网络安全等传统安全威胁和非传统安全威胁相互交织，维护世界和平、促进共同发展依然任重道远。当今世界仍然不太平。虽然《核安全公约》已于 1994 年 6 月 17 日在外交会议上正式通过，但是人类面临的核武器威胁一直没有真正停止过。

四、技术处于扩张之中

在《技术垄断：文明向技术投降》一书中，美国传媒学者尼尔·波兹曼将文明分为三类，即工具运用文明、技术统治文明和技术垄断文明。在第一类文明中，技术主要是作为中介工具，人们通过技术认识世界、改造世界，从而创造世界文明；但在后两类文明中，技术从工具地位走向了统治地位甚至是垄断地位，成为一种异化的控制力量。技术本应为人类的自由解放而服务，但却成为奴役人类的工具。当今时代，以互联网、人工智能、大数据、区块链等技术为代表的新技术的发展日新月异，技术的扩张同样带来了一系列新的问题。《未来简史》的作者尤瓦尔·赫拉利提出了一个发人深省的问题："等到无意识但具备高度智能的算法比我们更了解我们自己时，社会、政治和日常生活将会有什么变化？"

我们生活在时代巨变之中

一、社会信息的膨胀化

知识膨胀、信息爆炸是我们这个时代的重要特征。据统计，近30年来，人类生产的信息已超过过去5 000年信息生产的总和，而近10年来出现的创造发明比以往2 000年的总和还要多。早在20世纪80年代，世界上每天发表的论文就达万余篇。

法国当代著名思想家埃德加·莫兰指出，人们在知识膨胀、信息爆炸的时代已经无法驾驭这些知识和信息，被大量垃圾信息所淹没，面对海量的信息茫然无措。所以，我们需要防止在信息中失去智慧，陷入有知识无智慧的境地。

二、教育资源的泛在化

教育资源的泛在化，就是指学校不再是获取知识的唯一场所，知识不再是少数人拥有的东西。随时、随地，线上、线下，人人、处处都可以获得知识。

三、职业流动的快速化

所谓职业流动的快速化，是指一个人一辈子只在一个岗位坚守的时代过去了。新的行业不断涌现，一些衰落行业逐渐退出历史舞台。在西方发达国家，一个人一生平均有十次以上改变职业的机会。过去那种学校教育为职业发展做准备的理念，也将发生深刻的变化。

四、科学技术的赋能化

过去，我们主要通过书本进行学习，现在互联网、人工智能、区块链、大数据等高新技术产业，都在为教育赋能。埃隆·马斯克已经计划把芯片植入人脑。未来人的学习方式、认知能力将会发生非常大的变化。通过认知外包，人的学习能力也会大大增强。以记忆和再现知识为主要目标的教育也会发生根本性变化。中国教育部部长怀进鹏呼吁，要以数字化为杠杆，撬动全球教育变革。要抓住数字时代机遇，聚焦数字资源共建共享，开展教育数字化协同创新，携手实现教育包容、公平和质量的新突破。

五、终身学习的常态化

过去，人们的教育基本是一次性完成的，从幼儿园、小学、中学到大学，这是一种刻板的阶段式的学习。在未来社会，学习将贯穿每个人的一生。从连续性的学习走向间隔性的学习、终身化的学习。在工作中学习，边工作边学习，将会成为学习的新常态。

六、学习内容的个性化

在传统教育框架下，我们学习的内容是无法选择的，中小学生的受教育时空是被填满的，学生很少有自由选择的权利。未来的教育将注重个性化、多样化，以满足不同人群的需要。

教育的转型发展与未来展望

联合国教科文组织总干事奥德蕾·阿祖莱强调，我们正面临气候变化、数字化转型、观念两极分化和错误信息泛滥等重大挑战。因此，迫切需要对教育进行反思，让子孙后代掌握必要的知识和技能，并为今后订立新的社会契约奠定基础。她呼吁国际社会加强合作，"重建与彼此、与地球以及与技术之间的关系"。也就是说，教育需要转型发展，以面对未来社会的挑战。

一、从人类中心走向生态中心

气候变化产生的影响已经深入地球的生态系统，在未来也将继续影响地球上的生命。过去我们所有的教育都是以人为中心，认为人是这个世界唯一重要的存在，而新的生态中心主义强调生态和人同样重要，其他物种的生命和人的生命同样重要。国外已经把绿色素养与数字素养、认知素养、社会情感素养作为人在未来社会的四大护照。我们在教育过程中怎样才能更加重视环境、重视生态，这是未来教育非常重要的走向。生态多样性、气候变化应该成为学校的核心课程。我们的学校应该率先成为绿色低碳学校，我们的生活方式也应该随之进行深刻变革，我们的教师也要为此做好充分准备。

二、从关注分数走向关注生命

当今世界已是一个科技理性主宰的世界，当下教育往往注重的是学生认知能力的培养，关注的是学生的分数。学生往往成为接受知识的容器，成为应试的机器。教育世界里只见知识而不见生命。

这次疫情也暴露出生命教育缺失的问题。学校师生的身心健康，正在遭遇危机。

产生这些问题固然有文化的因素、社会的因素，但教育对于生命的关注不够，无疑也是重要的原因之一。未来的教育要努力拓展生命的长宽高，引导学生欣赏和热爱自己与他人的生命，珍惜生命的存在，期盼生命的美好，体悟生命的意义，并且能够把这种对生命的关怀和热爱惠及他人、自然，具有人文关怀、民胞物与的胸怀以及宽广的人类情怀。

三、从民粹主义走向地球祖国

我们每个人都有家乡和祖国，它们是我们的根，是我们的归宿。但是，我们有一个共同的家乡和祖国，有一个更深的根，有一个更加根本的归宿，那就是地球。现代社会，交通和通信变得越来越便捷，经济融合越来越紧密，地球已经成为一个真正的"村落"。我们必须摒弃狭隘的民粹主义思想，培养"地球祖国"的意识。通过教育，让后代在传承自身优秀传统文化的同时，了解和理解其他国家和民族的文化，尊重文明的多样性，尊重不同国家人民自己选择的发展道路和生活方式。各美其美，美美与共。

四、从学校中心走向家庭、社会

当今是人人可学、处处可学、时时可学的学习化时代，家庭教育、社会教育的地位更加凸显，家庭和社会可以并应该在育人方面发挥更大作用。在传统的育人机制中，学校排在第一位，其实，家庭与社会教育的价值、意义远远没有得到关注。如何处理好学校教育与家庭教育、社会教育的关系，取得 1+1+1>3 的效果？如何发挥家庭与社会教育资源的作用？是未来特别需要关注的问题。

新教育实验的思考与探索

针对上述时代背景与转型趋势，新教育实验一直在努力探寻新的教育生态、教育内容与教育方式。我们倡导为生命而教，拓展生命的长宽高；我们倡导建设数码社区，培养信息意识与信息能力；我们倡导家校社合作共育，建立学校、家庭、社会协同育人机制；我们倡导国际理解教育，培养人类命运共同体意识；我们倡导建立新型学习中心，构建从摇篮到坟墓的终身教育体系等。这里重点介绍几点：

一、教育的使命——过一种幸福完整的教育生活

英国教育学家怀特海认为，教育的目的在于促进和引导学生的自我发展。要实现这个目的，关键是要记住：学生是有血有肉的人。学生不是消极的知识接收器，生硬地灌输知识不可能取得任何有益的教育效果，只能是劳而无功，甚至扼杀学生的灵性与创造性，让他们失去对学习的兴趣，成为人云亦云的"呆滞"者。共享一种幸福完整的教育生活，才能够真正帮助学生走自我发展之路。

我们这次论坛的主题之一是积极心理。其实新教育实验与积极心理都是在2000年正式提出的，两者有着许多不谋而合之处。

新教育实验关于幸福完整的理念，与积极心理学之父马丁·塞利格曼提出的幸福2.0理论中的"flourish life（蓬勃人生）"不谋而合。

新教育实验的状态论、潜力论和个性论与积极心理学如出一辙。

积极心理学的研究发现，决定人生幸福的五个要素：积极情绪体验、投入地工作和生活、良好的人际关系、有意义和目标、成就感。新教育实验从操作层面，把这些要素落实到"十大行动"中。

新教育实验把一生有用的 12 个好习惯，通过每月一事的方式进行推进。这些习惯同时也是积极的人格特质，在马丁·塞利格曼看来就是优势特征，又叫积极品质。

马丁·塞利格曼和克里斯托弗·彼得森组织了一个由社会学家组成的小组，大家共同商讨，编写了一本介绍性格优势的手册，书中总共列出了 24 个优势特征，核心是智慧、勇气、仁爱、正义、节制和卓越等。我们对比了这 24 个优势特征与新教育实验的 12 个习惯，两者具有很大的重合性。

新教育实验通过"十大行动"把这些习惯与素养落地生根，具有很强的行动性与实践性。

二、教师的成长——职业认同与专业发展

非常高兴，这次的"一丹教育发展奖"颁给了新教育实验。在颁奖词中，评委会对新教育实验"教师成长模式"旨在解决教师职业倦怠和专业发展问题给予了很高的评价。新教育实验的"教师成长模式"是以职业认同和专业发展为双翼，其中专业发展以专业阅读、专业写作、专业交往为三大支柱。

三、课程的整合——未来学校成为学习中心

毫无疑问，建立在工业化背景下的学校教育体系，不能够适应信息化社会对于个性化的需求。前几天，美国麦克劳-希尔教育出版公司出版了我的《未来学校》英文版。这本书最核心的思想，就是传统的学校要让位于学习中心，每个学习中心都有核心的课程，人们根据所选择的课程同时选择若干学习中心。

当下，随着新的知识越来越多，有一些教育流派不断把更多内容注入孩子的生命之中。新教育实验则反其道而行之，在信息时代的知识碎片化背景下，特别强调课程的整合。因此，我们提出了以生命课程为基础，以真善美课程为主干，以特色课程、劳动课程为补充的课程体系，建议在课程上进行跨学科的整合，做减法甚至除法，而不是加法，更不是乘法，以此过一种幸福完整的教育生活。

四、阅读与写作——搭建精神的天梯

新教育实验认为，每一个生命都是一粒神奇的种子，有着不为人知的潜力。阅读则能够给种子以美好滋养，并唤醒其所蕴藏的伟大与神奇。新教育实验倡导全民阅读与全民写作，主张写作应与阅读并行不悖，相辅相成。如果说新教育阅读是站在大师们的肩膀上前行的话，那么新教育写作就是在自我突破中攀升。新教育实验希望通过阅读搭建精神的天梯，通过写作开启成长的旅程。

新教育实验的诞生与发展，是和中国教育的改革同频共振的，是和中国一线教育工作者的探索融为一体的，也是和世界教育发展的趋势相适应的。感谢这样的时代，让我们对教育的变革充满想象，也让我们把对教育的创新落实在行动中。

琳达·达林哈蒙德

斯坦福大学教育学荣休教授

2022 年"一丹教育研究奖"得主

对教育发展和未来的看法

在硅谷，我们用了各式各样的标准，比如分数和平均学分绩点（GPA），在招聘过程中对人员进行筛选。结果发现，这些传统学校育人的标准，实际上没有特别大的参考价值，而真正有参考价值的是学习能力。也就是说，能够找到相应的资源，看到问题正解，并且能够以这些资源为基础去分析问题，找到解决方案，找到合作伙伴，大家一起去计划和实践，去管理自我、管理整个流程，去改善结果。能够在实践中磨砺，不断提高学习能力。这才是一个人最重要的素质。

对于 21 世纪的人来讲，我们真的需要培养这个学习能力。当今社会变革速度如此之快，需要教育者去思考，什么样的知识和技能才能适应时代发展。知识和技能的调整，使得学校的课程也随之改变。我们解决问题需要更多的主动性，也需要适应新时代的应用技能。一会儿我也会讲，学生如何有效运用知识，如何融入环境。现在全世界都在呼吁"公平"二字，越来越多的学生都能接触到受教育的机会，这跟过去大不一样了。关键在于正视机遇和挑战，从而去支持系统性的变革。

我们做了很多如何组织成功学习、如何让学校重视创造和转型的研究，希望能够真正影响到政策的制定。很多国家的学校都是 100 多年前设计的，并不是为了适应今天的环境。而新的环境，深度学习，面向 21 世纪的能力，这是我们现在所需要的。现在应用知识和技能的过程，跟我们之前了解的不一样了。

我们的研究团队发表过一篇论文，浏览量超过了 90 万次。它讲的是，对于学习和发展科学来讲，大脑有非常强的可塑性。有的人在经历了中风或大脑创伤之后，仍可以重新建立神经反射路径，这就是学校的意义所在。社会环境对于学习能力来讲，是同样重要的。如果你觉得自己处在一个受信任的空间，并且别人相信你的能力，你也喜欢这个空间的环境和人。在这个环境中，你的学习效果会更好。如果你感觉有创伤，受到了不公平待遇，被污名化，这会影响你的学习能力。大脑承受过多压力时，你会感觉难以进入学习状态。对于学生来讲，不断对自己学到的东西进行连接和创建，这就形成其文化背景。

对于学生来讲，对自己能力的了解也会影响到其学习能力。所以学校如何为学生分组，如何为他们贴标签，也会影响到他们的学习能力。而且也会影响到学生和别人的关系，影响到他们的表现。学生要想拥有好的技能，在能够获得支持的情况下，结果才是最好的。于人而言，基因是最重要的决定因素，学生在年龄很小的时候，就被分成三六九等，我们为他们事先设想好什么样的学习方式是适合他们的能力的。但是我们发现，很多人并不是只有一种能力。对于教师来讲，可以教育到智力处于平均水平的学生吗？事实上，每个人大脑的运作方式都是不一样的，没有所谓的智力处于平均水平之说。

人有共性。尽管如此，教育在发展过程中，也要能够实现个性化。我们需要用现代的方式去教育学生。过去是流水式教育，现在的教育要能够支持深度学习，并且需要有一个环境去激发学生的活力。我们重新设计的学校，将会和过去完全不一样。过去学生坐在课桌后，被动地回答问题。但是新的环境，需要学生参与进来，不断去探究。老师能够去提问，学生能够去回答他们是如何学习的，而且这个环境还要有助于他们的成功。我们需要的不是根植于肾上腺的激素，这些激素的产生主要是基于压力。我们需要的是基于大脑的认知和发现，这样就能够有更多的催产素分泌。因为催产素能促进大脑神经元之间建立连接，能够让人处在一个比较舒适的状态，以汲取更多的知识。现代脑科学不断为我们带来新的发现，让我们知道学校要遵循怎样的发展规律。

学习需要一个正向的环境，需要让学习者感到自己得到支持。为此，教育者与受教育者应该互相支持，教师和家长应该成为伙伴，这也有利于我们在教学过程中应对风险。学习需要以探究为导向，需要维持探讨和研究两者之间的平衡，只有这样才会有批评的意味。而且我们要发展学生一些特定的思维和技能，从而提升他们的社会与情感能力、稳定性、管理能力。只有这样，学生才能在学校生活中，养成一些习惯。这些习惯可以让学生拥有更好的毅力、与他人合作的能力。我们需要更好的支持系统，以便让学生知道在面临挑战时、在遇挫环境下应该如何行动。

这让我想到，整个教育系统需要更多的对理论创新的个性化研究。现在很多学校都在转型，从而确保教育公平，以促进学生的发展，这意味着教师角色的转变。现在不再是把学生排除在教学过程外，而是给予学生更多的责任感和协作机会，从而形成以支持为主的师生关系。探究式学习依赖的不是课本，而是让学生去思考一些重要的与学习相关的问题。

我们给学生提供的正向环境也好，探究式学习机会也好，都是支持他们思考、参与，并且使他们能够不断去调整自己的学习状态的，这样学生的信心和能力就会不断增强。我们也能够让他们通过不一样的方式，去接触学习，这也意味着一个对学生的排名方式，它更多关注的是学生的技能培养。即便我们在对学生进行评估时，也是以其能力作为根本标准的。也就是说，我们有更多的兼容并包的学习环境，甚至是以社区为教育基地的学习环境。当这些化为一个整体时，我们相信整个系统所产生的效果，将会更加个性化，更具竞争力。

就整个系统来讲，我们能够看到什么呢？在全球范围内，对于表现好的人而言，真的能把质量和公平合二为一。比如，经济合作与发展组织（OECD）数据显示，数学比较好的学生所在的国家，通常对公平的投资更多。如果想要学生有非常好的表现，国家必须要投资公平。对比云系统的创建，我们发现表现好的国家，是以系统化的方式去思考如何进行教与学的。

几年前我们做了一个研究，叫赋权教育者。当时看了五个国家和地区的教育，有加拿大、新加坡、芬兰、澳大利亚和中国上海。我们发现，这些国家也好，地方政府也好，不断去支持教师的自我发展和学习。而且以非常连贯的方式，去为他们搭建很好的架构，其中包括领导力和教师发展的架构，从而让教师不断获得新的能力，继而为其他教师提供一些支持。而且整个过程是一个循环，是全民教育。教育者思考的是一个人需要的是什么，从而不断去调整教学方式和内容，不断去支持课程的变化。他们从对学生的需求识别开始，然后再开展以公平为主的教育。

另外还有政策，因为政策关乎教育的原则和课程的内容。还有评估，有技术的应用和探究、协作等等。其实学校的设计，需要教师和学生以团队的形式合作，并且需要教师不断帮助学生追求卓越。

当然，最重要的还是教育者本身的准备，我们刚才已经讲到了原因：教育者是给受教育者铺设未来道路的人。在这里，我想引用一段话：在疫情刚发生时，米歇尔·安邦说到，要重置这个系统，我们必须承担损失，但是如果我们真的让孩子们对教育感到兴奋，为他们创造一个更积极的学习空间，我们可以弥补损失。

朱永新对话琳达·达林哈蒙德

2023年1月7日，第五届世界教育前沿论坛成功举办。本届论坛主题为"元宇宙·永续性·积极心理：教育之未来？"。其中，2022年两位一丹奖得主——苏州大学新教育研究院教授朱永新和斯坦福大学教育学荣休教授琳达·达林哈蒙德的精彩演讲和对话备受关注。这里，我们编选了这两位中美教育领军人物的精彩对话，以飨读者。

主持人：杨　锐　香港大学教育学院院长

对话者：朱永新　苏州大学新教育研究院教授，2022年"一丹教育发展奖"得主，中国教育三十人论坛成员

琳达·达林哈蒙德　斯坦福大学教育学荣休教授，2022年"一丹教育研究奖"得主，学习政策研究所主席兼首席执行官

杨锐：我刚刚收到程介明教授的一个信息，引用一下他发给我的这段话："这两位讲者有惊人的相似之处：两位是杰出的教育家，他们认为教育应该放在更宏阔的全球视野下去思考。"

下面进入教育对话的提问环节，我会问两到三个问题。

第一个问题，中国和美国现在面临的困境越来越凸显，理论和实践、主流和边缘、本地和全球导向之间的鸿沟也在增大。根据两位的观察和研究，是否能就这些现象做一些评论。就成功和不成功来讲，您能不能多分享一下您的经验。

琳达教授，可以先回答一下。

琳达·达林哈蒙德：的确，现在世界上有很多冲突和矛盾，有很多障碍摆在我们面前。我们想应对这些挑战，其中包括疫情，还有朱教授列出的其他挑战。

地球上的生命，需要我们认真对待。同时很多人在创新，现在很多人都在以不同的方式思考教育，他们认为学校的职能应该更加全面。我看到一些系统在发生转型。比如，加州的州长非常有远见卓识，他不断把新的教育模式引入学校，他们州的学校已经在开展气候变化教育。气候变化教育现在已经被纳入学校的主流课程之中，而且学校的评估方式也发生了变化。

当然整个系统要做调整。我们在美国已经看到一些非常勇敢的举措，他们真的希望公共教育能发生转型。这就是我们看到的互为矛盾的变革本性所在。我们到底应该如何支持这些变革呢？如何让这些颠覆性的力量为我们所用呢？如何帮助不同社会成员，去应对他们现在所面临的挑战？这是我们应该思考的核心要义。

朱永新：我们现在所面临的大问题跟学校有着密切关系，因为所有的问题都是人的问题。我们培养的人有什么样的胸怀和格局，会采取什么样的行为方式，直接影响到未来社会的发展。那天我专门给程介明先生介绍，中国现在有很多学校在进行低碳教育的探索与实践，但是还没有形成一门必修课程，没有成为教育的必修内容。所以如何培养学生的低碳意识和人类共同体意识，如何进行爱国主义教育，这非常重要。

有些国家领导人强调，我们国家的利益第一位。习近平总书记创造性地提出推动构建人类命运共同体的重大倡议。这是两种格局、两种胸怀。我们的学生应该具备怎样的胸怀？我们如何进行国际理解教育？虽然我们学外语，但并没有真正进行国际理解教育。这样一种和平的精神、人类地球祖国的情怀，也应该在学校里播下种子。所有善的种子，都要在学校播下。你在学校播下什么样的种子，未来就会收获什么样的人。

这些看似很遥远、很宏观的问题，其实都是和我们的教室有着密切关系的。我们在教室里给孩子什么，关注什么样的问题，孩子们未来就会成为什么样的人。我们是仅关注分数，还是也关注人呢？这是两种不同的教育方式。所以教育还是应该关注人，这样才能真正让教育更美好，让人类生活更美好。

杨锐： 朱老师讲得非常好。就这个问题，一方面是很"国际范儿"，另一方面又跟当时当地紧密结合在一起，这对教师有着很高的要求。

问一下琳达关于"守护与变革"的问题：教育关乎 21 世纪的技能，这也是我们老生常谈的问题。我们现在选择的方向对吗？我们有什么需要守护的东西？如果我们不守护，就只能是完全杂乱无章的水上漂流的浮萍吗？

琳达·达林哈蒙德： 我刚刚想到一些关于学校设计的原则。这些原则对于人类的学习发展非常重要，对于个体的发展也非常关键，需要保留，需要守护。我们在做事情的方式上，可以产生一些变化。但是应该保证成人也好，儿童也好，有很好的滋养环境，而且这种滋养必须具有持续性。我们需要环境的持续滋养，也需要继续去创建探究式的学习环境，让学生能提问、能回答。问与答对他们有意义，有助于他们跟外部环境建立联系，有助于他们更好地理解世界。

我们需要跨学科学习，政府应该鼓励和支持大家的这种学习方式。现在有一些基于持续、守护变革的学习环境，需要继续去建设，能够给予人归属感、安全感的环境需要去建设。虽然这些环境的呈现方式各不相同，但是其创设原则是一样的，就是能够帮助学生去提升他们的社会与情感能力，给他们提供支持。虽然我们实现跨学科学习的方式会有所变化，比如会给他们提供体验学习环境和技术应用的场景，但这只是表面的方式。对于人类来讲，人类需要不断去产出，以满足高能力学习者的需求，这才是需要持续投入的。

杨锐：非常感谢琳达。很多非西方的国家和社会，尤其是对于有殖民历史的国家，现在所面临的情况非常不一样。就中国而言，一个国家的传统和现代要建立联系，这对我们来讲是一个非常大的挑战。我们既需要普及现代文化，又需要保护传统文化，但是这两者又很难兼而有之。

琳达·达林哈蒙德：支持我们学习的一种方式是，我们要永远不断和文化语境建立联系。当然，这通常是不存在于学校教育中的，也就是您刚刚讲到的问题正解之一。还有一点是原则，我们必须要把握的原则，那就是传统文化要融入现代教育中。这在美国也是一个问题，因为我们曾经也是殖民地。

杨锐：有请朱老师。

朱永新：传统和变革一直是教育的张力所在。随着时代的变革，教育肯定要变革。比如，我们的传统教育是在农业社会的背景下实施的，农业社会确定性的东西是很多的，因为天时有常，是有规律的。但在信息化社会，更多的是不确定因素。教育思维从农业社会走到信息化社会，也就是从确定性思维走向不确定性思维，从简单思维走向复杂思维。这个时候，教育体系就会发生深刻的变化，需要培养受教育者独立思考的能力、复杂性思维的能力，这非常重要。也有一些不变的，像阅读。无论是现代教育，还是古代教育，都重视阅读。但是这个传统，在现代社会也会产生很大的变革。因为互联网出现了，网上阅读对传统阅读产生了冲击和影响。在这个时候，既要坚守传统，又要进行网络化社会的新阅读方式的变革。毫无疑问，教育要保留传统精华，摒弃落后于时代的东西，然后加以更新和调整。

新教育实验这 20 年来，一直在思考这个问题：如何把教育里最优秀的传统，包括中华优秀传统文化，不断梳理？最近我们研发了一套中华文化的STEAM（科学、技术、工程、艺术、数学）课程，共有六门。我们用现代方式学习中国传统文化，也就是既要坚守传统，又要能适应现代社会的变化。因为教育是为了培养人才的，其着眼点既要考虑当下，也要考虑未来。考虑当下是说，教育是一种生活，让学生能享受当下的学习生活，这是非常重要的。同时更重要的是，我们要思考未来社会到底需要什么，教育到底要改变什么。教育的确有很多需要改变的方面，最大的变化，就是我在《未来学校》这本书中提出的，现在的教育结构已经不适应未来社会的发展需要了，把整个学习生活放在学校这个场所，是远远不够的。现在还没有形成一个完整的把家庭、学校、社会连在一起的教育体系，无法综合评估、综合教育。也就是说，还没有形成一个把线上教育和线下教育、课外教育和学校教育整合在一起的新的评估方式。所以我提出，未来要设立学分银行制度。一个人一出生，就应该有一个学习账号。它像身份证一样，一个人的所有学习历程，在上面要有所呈现，未来就不需要文凭了。

有一本书叫《为什么我们的学校在大量浪费金钱和时间》，作者是美国的一位经济学家。他在这本书中指出，现在的学习已经变成被文凭化，学习的目的变成了获得文凭。我们要不要对文凭制度进行反思？也就是说，文凭到底能不能衡量一个人的水平？这些都需要变革。如果不变革教育机构、不变革评价制度，整个教育很难走进新的天地。所以当务之急是要形成更多的教育共识。如何去变革教育机构，这是目前的一个大问题。

琳达一直在关注学习政策，学习政策研究比较多的还是学习能力和个体学习。从某种程度上说，教育机构的变化比学习能力的变化还重要。因为这个变化，自然会推动学习方式的变革。

杨锐：谢谢朱老师。由于时间有限，请两位分享一到两句话，作为圆桌讨论的结语。

琳达·达林哈蒙德：我想说的是，我们现在已经到达了一个拐点，很多人都感觉到无力和焦虑，因为变革无处不在。当下我们思考的是人类的处境，人之所以为人意味着什么？在这个社会里，我们应该如何谅解彼此，如何以不同的方式去思考自己在这个系统当中的角色？如何能够去完善我们所创建的体系？我们现在手中所握住的应该是可能性，这让人类有更多实践的机会。在这个时刻，要想实现该目标，需要的是信任和信念。让我们携手，去实现所需要的转型，支持与我们合作的教师、学生，去守护这个世界。

朱永新：我们应该用更美好的教育，创造一个更美好的地球和更美好的世界，让人类拥有一个更美好的未来。

积极心理与正向教育

赵 玥

香港大学教与学评估及测量组总监

国际积极心理学学会教育部主席

积极教育　丰盛育人

　　我很荣幸被邀请在积极心理与正向教育的分论坛做分享。我演讲的题目是《积极教育　丰盛育人》。下面我会介绍积极心理学的起源，积极教育的全球发展，然后再谈谈我对积极教育的看法，并且对积极教育如何在学校具体开展提出建议和做出展望。希望简短的 20 分钟，让您对这个关于幸福的学科有个新的认识，对您开启新一年新愿景有所启迪。

　　先简要介绍一下自己，我的学术背景可以用三个 P 字开头的英文单词概括，就是 Positive psychology & Psychometrics（积极心理学与心理测量）。我很荣幸师承积极心理学之父马丁·塞利格曼教授和著名心理测量专家汉布尔顿教授。我过去 20 年左右的研究、教学及实践，也是围绕这两个领域不断将数据人性化，从中小学到大学。

　　什么是积极心理学？它和其他心理学分支有什么不同？心理学长久以来专注于帮助人类缓解痛苦和治疗心理疾病，却不太擅长教会我们如何在没有痛苦的时候更好地追求幸福生活。在临近千禧年的 1998 年，马丁·塞利格曼教授当选为 APA（美国心理学会）主席，他在就职演说上提出了积极心理学的概念。这之后的 20 多年来，积极心理学在全世界蓬勃发展。它不仅作为心理学的一个分支在丰富大家的美好生活，而且还掀起了一场运动和革命，即将正向理念的

39

影响扩展到心理学以外的其他学科，比如人文学、行为经济学、传媒学等等。

积极心理学到底是研究什么的学科呢？用一句话来概括，它是一门关于幸福的学科，探索个人以及群体如何能够更丰盛地生活。英文常用的词一个是well-being，翻译成幸福感、福祉；另一个是 flourish 或 thrive，翻译成丰盛或者蓬勃。按照马丁·塞利格曼教授提出的幸福五元素（PERMA）理论来讲，幸福不只是喜笑颜开的积极情绪，还有物我两忘的沉浸式心流体验、心有灵犀为彼此鼓掌的正向人际关系，以及壮志凌云的积极意义感和金榜题名时的自我胜任感和成就感。另外一个积极心理学的伟大贡献，是马丁·塞利格曼教授和克里斯托弗·彼得森教授的潜心之作——24 项品格优势，比如感恩、好奇心、善良等等。这些品格具有跨文化的普世价值，也带出积极心理学的一个核心理念，即优势主导。相信每个人都有自己独特的长处，可以通过发掘优势、欣赏优势、发挥优势来缔造更好的自己。

为什么需要积极心理学呢？幸福感可以研究吗？过去几十年上千个研究成果表明，幸福感是可以研究的。高幸福感的人通常更健康，工作更有效率，人际关系更和谐，更自律、更坚韧，更能够自如掌控自己的生活。具体的关于积极心理学的一些理念和研究成果，在马丁·塞利格曼教授的著作中有详细讲述，比如他的《持续的幸福》，还有最近出版的《塞利格曼自传》。

为什么说没有病痛不等于充满幸福感？积极和消极到底是什么关系？积极心理学培育幸福的预备模式和传统心理学疗愈疾病的治疗模式，是不是完全两回事呢？我也和马丁·塞利格曼教授讨论过类似的问题。实际上，在心理学领域，这还是一个有争议性的话题。带着这样的疑问，我和路易斯·泰博士以大数据为主要依据对积极和消极的关系做了一系列研究与探索，我们的研究成果在《积极心理学期刊》上发表，并且在国际上获了奖。我们的研究显示，积极和消极好像一个连续体的两端，左端是疾病模式，右端是健康丰盛模式，中间是躺平的萎靡状态。传统疗愈疾病的治疗模式和积极心理学培育幸福的预备模式，都可以帮助我们从连续体的左边走到右边，让我们少一点儿苦，多一点儿乐，丰盛幸福感。我们的研究因给积极心理学研究积极的一面以及对健康人群的看法增添了实证基础，曾得到《积极心理学期刊》主编的高度肯定。

说到积极心理学，通常"积极"两个字的风头会盖过"心理学"三个字，这也涉及几个常见的迷思：第一，积极心理学不是幸福迷信，不是提倡任何时候都笑脸相迎，也不是消极逃避。第二，积极心理学不是没有实证依据的心灵鸡汤，而是既有理论又有实践的科学。第三，如同其他学科一样，积极心理学采用实证描述的方法，而不是没有依据就下结论。第四，积极心理学不是精神胜利法，除了研究乐观心态、积极思维等认知规律，也研究知行合一等理论，以及其他概念，比如积极行为、积极情绪、积极人际等。第五，积极心理学的研究不限于积极正向的一面，研究对象不只是没有心理疾病的健康人群。第六，也是很重要的一点，幸福是一种能力，就好像我们的肌肉力量一样，可以越练越强。积极心理学的独特贡献在于，它用科学实证的方法，教给我们如何拥抱幸福、主宰自己的幸福，成为更优秀的自己。

经常有一些媒体喜欢把积极心理学比作笑脸，我个人更喜欢把积极心理学比作一道光，一道充满希望、慈爱、和善的光，无论身处顺境还是逆境，这道光都会存在。我们需要做的很简单，就是敞开自己的心扉，让那道光照进心里，照进我们的生活中，特别是身处黑暗的时候。久而久之，我们也会成为那道明亮的光，照亮身边的人，甚至整个生态大环境，从自我丰盛到集体共盛和共融。

介绍了积极心理学的缘起，现在谈一谈积极教育的话题。首先问屏幕前的家长一个问题：您最想让孩子成长为什么样的人？也许有的家长会说，开心、善良、乐观的人，等等。同样的问题，我问过上千个来自不同文化背景的人，得到的答案差不多，而乐观、幸福等字眼也恰恰是积极教育的研究议题。如同"幸福感是每个孩子与生俱来的权利"这句名言，马丁·塞利格曼教授和其他学者在2009年发表论文，开创了积极教育这个新学科，把积极教育定义为既教授传统知识又培育人生幸福的教育。Positive Education 这个词，海峡两岸暨香港的翻译也略有不同。通常在内地被翻译成积极教育，在台湾和香港被翻译成正向教育。

十几年来积极教育蓬勃发展，经历了三次浪潮。积极教育从一开始作为一种方法，一种将积极心理学应用于学校教育的方法，发展成容纳多种理论、多门课程的具有正向视角的一门学科。积极教育好像一把大伞，伞下各种流派迭出。我和我的研究团队对过去十余年间世界各地的积极教育文献做系统整理。我们发现，从积极教育的定义到测量工具，从积极教育的心理干预模式到教案，文献的内容是丰富多彩的。

介绍一下国际情况。国际上的积极教育组织里面，最权威的是国际积极心理学学会的教育部，我很荣幸为现任主席。国际积极心理学学会是全世界唯一的一个积极心理学组织，现今已有来自70多个国家的上千名会员。两年一度的国际积极心理学大会将于2023年7月在加拿大温哥华举办。其他的国际组织，还有国际积极教育联盟（IPEN）和澳大利亚的积极教育学校联盟（PESA）等等。在学校开展正向教育方面，全球百花齐放。比如澳大利亚的吉朗文法学校，美国宾州大学的坚韧力项目，墨西哥的积极大学，不丹的国民幸福总值，意大利、丹麦、西班牙、冰岛等几个欧洲国家联合开展的 Upright 项目，当然也包括积极教育在中国内地和港台过去十多年的蓬勃发展。比如在内地，彭凯平教授和清华大学的积极教育同人们做了很多开创性的工作；在香港，北山堂基金会是正向教育在本地的开拓者。很难得，这届论坛邀请到了中国及新加坡的专家、学者及学校的校长等，让我们共聚一堂，分享对积极教育的看法及经验。当然，我也十分期待其他的主旨演讲和圆桌论坛。

　　这里浅谈一下我对积极教育的看法。教育的终极目的到底是什么？如何更好地培养下一代？这也是我经常思考和研究的问题。教育不是为了考试，教育也不只是传授知识。教育在于育，孕育、培育，相信每个孩子都是独特的个体，激发和发挥每个孩子的潜能和优势，让他们成为自己更好更丰盛的样子。我叫它丰盛育人，英文是 Education for Flourishing。丰盛不仅是目标，丰盛也是过程。人生有高低起伏、悲欢离合，丰盛的过程也不是一帆风顺、直线向上的，而是动态的、曲折的。在这个迂回的丰盛过程中，我们作为教育者，不仅要教孩子学什么，也要教孩子如何学，如何快乐、积极、主动、充满兴趣地学，如何发挥自己的优势来学习和面对挑战。丰盛育人，播种知识，也播种获得幸福的能力。比如，给孩子赋能，提升他们的抗压力；陪孩子探索人生意义，培养他们的同理心、利他心、感恩心等等。学习和幸福这两个词不冲突，而是互相促进的。学习好的学生通常更幸福，幸福感高的学生通常学习好，这也是在很多积极教育的研究中得到验证的。

　　说到非智力学习，除了积极教育，还有一些相关理论和实践，比如坚韧力教育、品格教育、成长心态培养、社会情绪学习、青少年正向发展等等。它们有什么相似和不同呢？我个人认为，在丰盛育人的大伞下，这些渊源不同的理论和方法，好像不同的派别，各显神通。在我看来，它们有三个共同点：第一，看重非智力因素；第二，实证为本，用数据说话；第三，优势主导，这也是积极教育最核心的理念。

最后几分钟谈谈积极教育如何在学校开展，并且给出具体的建议和展望。

一、提高幸福素养

幸福素养不仅丰富了我们的词汇，而且还提升了我们对幸福的认知，开阔了我们看世界的眼界，影响着我们与身边人的沟通。积极教育是一个相对年轻的学科，对它一知半解是有点危险的事情，这也是著名的积极心理学家、国际积极心理学学会前任主席芭芭拉·弗雷德里克森的一句名言。积极心理学是走出象牙塔的学科，幸福这个话题和十几亿人中的每个人都息息相关。随着积极心理学受到越来越多的关注和喜爱，传播纯正的积极心理学知识也是非常有必要的。我也希望这门传播幸福的学科在下一个 20 年、50 年、100 年继续丰盛，这道幸福的光可以照耀更多的地方。

二、课程融合传统学习与幸福教育

在课程设置中，推动传统学习与幸福教育相融合，在课内与课外贯彻丰盛育人的理念，而不是简单地把培育幸福的快乐课程独立于数学、语文、英语课程之外。学习与幸福，就好像事物的阴阳两面，阴中有阳，阳中有阴，互相补充，互相促进，互相转化，在融合中孕育丰盛的种子，优化学生的潜能。

三、融入学校文化及本地特色

将积极教育融入学校文化和本地特色，这是一个挑战，也是一个机遇。积极教育起源于西方，东西方对幸福的诠释有相同之处也有不同之处。把西方的积极教育模型应用于国人，如何本土化？如何融入每一所学校独特的 DNA？等一下圆桌讨论也会请各位专家分享各自的经验和看法。积极教育另外一个重要内容就是提倡从学生到家长、教师的全方位参与。以成长心态为例，培育学生的成长心态不仅限于课堂和学校，如何有效地肯定和鼓励孩子的努力，也需要家长的参与。

四、建构适合年龄及文化背景的全面测量评估系统

积极教育是一门科学，基于数据的测量评估是必不可少的。如何设计和实施积极教育的测评？比起直接翻译西方现成的测量工具，更有效的方法是设计考虑适合年龄及文化背景的公平有效的测评工具。举个例子，经济合作与发展组织（OECD）最近推出了社会与情绪学习的问卷调查，发现10岁至15岁不同年龄阶段学生的情意学习水平和认知发展水平是不一样的。我最近在联合国教科文组织做了积极教育测量的分享，这也是当前亚太地区很关心的一个话题。

五、因地制宜，因材施教

教育提倡因材施教、因地制宜，这在积极教育方面尤其重要。每个孩子都是独特的有闪光点的个体，比如有的孩子善良、幽默、感恩，品格优势以情感为主导；有的孩子谨慎、自律、意志力强，品格优势以理性为主导。积极教育不是把每个孩子塑造成一模一样的人，而是要帮助孩子，发挥自己的优势，做更好的自己。

六、有理有据，理论结合实践

理论结合实践，在积极教育的前沿研究成果与学校的实际开展之间搭建更好的桥梁，设计实证为本的积极教育课程和项目。借此机会，简便介绍一下我在香港大学主持的"共盛"（We Thrive）项目。我们的理论模型是围绕以下三个方面制作的：思维模式、技能素养和学习环境。不仅重视技能与素养的培养，教授大学生如何做，而且看重思维模式的培育，给大学生讲解为什么这样做，从而启发他们的思维和认知。还有就是整个学习环境的营造，包括线上和线下的学习环境、心理安全环境、人际环境等。在这个理论框架下，共盛课程将基本的积极心理学概念呈现出不同的形态，以培育积极心理品质，比如积极情绪、坚韧力、学习力、人生意义、品格优势等等。在教学法方面，我们融入了不同的学习元素，比如线上艺术展沉浸式体验、体验学习和反思、课堂复盘、角色扮演等等。我们也收集了很多数据，如前测数据、后测数据、追踪测数据、定性数据、定量数据。数据显示，学生的幸福感在完成共盛课程以后得到了显著提高。除了数据，学生的正向变化，也体现在行动上。比如，有的学生用学到的知识技能帮助大一新生，给他们提供各种学习生活支援；有的学生到香港本地的学校，和中学生互动；有的学生开展服务式学习，传播幸福到社区。有一个让我印象深刻的例子，一位大三女生，之前有一些情绪问题。在完成共盛课程后，她的状态明显改善。她现在也是我们幸福大使的一分子。她特别会画画，我的分享里有很多图画，都是请她画的。我们希望赋能学生的优势，创造更多让他们展示的空间，这也是香港大学引以为傲的一个特色。

最后，把以上 20 分钟的演讲提炼一下分享给大家。回到之前光的比喻，积极心理学作为研究幸福的心理科学，好像一道光，在生活中特别是困境中给予人们正向力量，为他们照亮希望之路。积极教育，令这道光洒到学生脸上、身上和心上，孕育丰盛。我们的学生就好像一朵朵花，姿态各异，每朵花都有其独特的美丽。期待在积极心理学和积极教育光芒的照耀和培育下，每个学生都能长成他最好的样子。期待每个学生都能做有用的人，做擅长的事，做更好的自己，丰盛前行。

　　在这里，我想借此机会，感谢所有的教育者、播种者，春风化雨、桃李芬芳；同时也感谢世界教育前沿论坛和论坛主席程介明教授，令这道幸福的光、科学的光照到更远更需要它的地方。

韩　敏

华东师范大学涵静书院积极教育（中国）中心副主任

一体两面，清晰建设正向幸福的生命

把积极心理学推广应用到教育领域的工作，2017 年我们在上海就开始做了。后来疫情暴发，积极心理学在教育领域的应用，给我们团队提供了一些新的启示，能够有机会在这里分享给大家，我很开心。

我今天分享的主题是《一体两面，清晰建设正向幸福的生命》。这个主题有一个最核心的意图，就是把积极心理学所倡导的"支持生命更加幸福和丰盛"的理念，变成了一个哲学观。我们相信生命的底色是善良的，可以用积极心理学的基本架构来建立信念体系，来建设正向幸福的生命。我的介绍，主要围绕人力资源、心理学的应用、艺术教练、自然、脑科学等领域展开，因为这些年我始终在这些领域不断学习、实践。

在教学过程中，会涉及一个概念，那就是生命。在这里，我们把生命变成整体资源的形态，跟大家进行分享。所谓一体两面，是指作为教育者也好，心理学工作者也好，我们面对学生时会产生一种流动的能量，叫情绪。所以调整情绪，是最核心的一个步骤，也是教育者发挥教育功能和提升育人效果的前提条件。

情绪具有两面性，在情绪表达的过程中，不同的身体状态反应出的能量信息是不一样的：当我们幸福的时候，通体的能量流动是顺畅的；当我们抑郁的

49

时候，通体的能量是冻结的。这一点，在经历疫情后，大家都深有体会。我们有一个朋友，当他持续不断咳嗽时，被监测到血氧饱和度低，身体能量消耗严重；当他处于平静状态时，血氧饱和度就会回升。这是身体所呈现出来的状态，也是客观存在的。

我们倡导的丰盛的生命状态是智慧、喜悦、平和，更高的维度是实现自我。但现实中的我们的确会遇到很多负能量。我刚好是在新旧年交替之际感染了病毒，很紧张。尤其是这个冬天很冷，所以负面情绪，也是客观存在的。

我们不仅看到了生命有不同的面，更重要的是看到了生命是个连续体。在生命持续不断地向前运动的过程中，我们的信息资源有正向的，也有负向的。如果我们建构了幸福的信念体系，即便遇到了很多困难，也可以在克服之后体验到幸福感。以信念做支撑，这是最核心的一个环节。

生命本身是一种流动的状态，这种流动的状态具备以下三个要素。

第一个是情绪意识。无论是积极心理学还是传统心理学，都特别注重这个要素。

第二个是身体。就像朱永新教授说的，教育最核心的是要立足于生命本身。我们可以看到一个事实，在心理层面信息加工的方式，逻辑思维是从 A 到 B 到 C。但生命是无常的，环境也是无常的。在我们往前走的过程中，由于受不确定因素、各种能量的干扰，A、B、C 会集中在当下，会在这里起作用。

处于复杂的环境中，如何让我们的生命体征维持稳定，这是可以主动去建设的。在意识形态领域，用积极心理去坚定我们的信念，让我们愿意去相信。同时我们去拥抱完整的生命状态，即使困境，也可以变成我们宝贵的资源。

第三个是感知。生命是很需要感知，很需要经历的。所以从身体角度来看，有更多打开感官的潜能。感官部分，也是人跟大自然、跟宇宙万物连接的信息载体。我刚刚在屏幕右下角放了一棵大树的图片，在天地万物间，人的寿命不是最长的，植物可能几百年还在生长。它们通过什么样的方式，跟宇宙万物产生连接呢？就是呼吸。所以我们身体的潜能，我们要很好地看待，去认识它的规律。

接下来，带给大家一个我个人的思考：积极心理学倡导往积极方向去发展，找到幸福感，找到正向的体验。在积极幸福的丰盛理念的引领下，我们所倡导的积极心理学要顾及生命发展的状态。这个状态用木桶原理容易解释。最近我们听到很多噩耗，有很多人年纪轻轻就没了。所以健康的短板，就决定了生命的待机时间没有办法很长。再者，木桶里面装了什么，内容物的品质如何，里面是负能量多还是正能量更多，还是你在不断积极地更新换代。在教练体系的哲学视域下，来表达生命往前发展的状态，就是我们都希望绩效更好，都希望去开发潜能。当我们能够摒弃外界因素的干扰时，这个木桶的容量就往上走了，同时你的生命体验也会晋升。

这一点我自己也深有感受。2019 年我生了一场大病，经过三年的疗愈才康复。大家看，我现在的状态还是很令人喜悦的。也是由于曾遭遇过这样的困境，我对生命有了更深的理解。所以干扰，也能变成潜能。

前提是，我们要开启智慧。智慧有两个境界：一个是智，我们要有认知，知道光明的方向，所以上面是知，下面是日，我们要相信自己是光，要朝着光去发展；一个是慧，慧在中国的造字里非常有意思，心上长了草，"丰"的基本义是草木繁盛，我们要拔掉草，就能开启智慧。当我们发展向阳的内生力时，要去整合资源，不仅在大脑层面，还有身体感官与世界万事万物连接的部分。

所以感官的能力和认知的能力，都是生命最基本的能力或潜能。

积极心理学谈到一种丰盛状态，叫心流状态。从脑科学角度来讲，帮助大家清晰认识自己的生命状态，是很有必要的。心流状态怎么进入呢？这是一个有意思的探索方向。

首先来看，在人的整个向阳发展的过程中，我们坚信每一个人都是独一无二的，每一个人都是珍贵的。包括我自己，我有最纯粹、最向阳的部分。在开发过程中，往往能意识到的人很少，大部分人处在潜意识或无意识状态。大脑对工作，会有很清晰的呈现。如果你对一项任务不接纳时，很快就会产生负面情绪。当你能接纳它时，专注的状态就来了，你又由专注变放松了。直到高度放松，又很专注的时候，就进入心流状态了。我们看到处于心流状态的孩子，学习成绩会稳定，会比较好。在企业里，处于心流状态的企业家绩效也会比较好。学霸做喜欢的事情时，就是这样一种状态。如果你不喜欢做数学题，就无法专注于此，而且很快就大脑疲劳了。如果你进行过正念练习，那么再做数学题时，就改变了。有多动症的、成绩差的孩子，有不同于此的状态，这里就不一一介绍了。

我们团队的研究结论是，学霸没有明显不喜欢的学习任务，而好动的学生有非常明确不喜欢的学习任务。学霸在用脑上非常厉害，针对不同的学习任务，能够快速匹配大脑状态，进入高质量的学习阶段。好动的学生不是不会用大脑，而是对不喜欢的事情有很明显的抵触情绪，他们的大脑很快进入疲劳状态，继而损害了专注力。我们可以感受到，不同学习成绩、不同学习状态的学生，他们的大脑状态是不一样的。因此，我们建议老师和家长，放下对学生的种种期望。要教会他们静心学习，排除干扰。只要发现他们有一点进步，就要及时鼓励，以帮助他们调整用脑的状态。

下面我分享一下感官的力量。

感官的力量有向内和向外两个方面。向外就是投射，像买包包、囤药，都是恐慌带来的。向内是内观的力量，是更长效、更主动的力量。我们让孩子做手工、弹乐器，都是可以增强其内观力量的。如果有专项的练习，像曼陀罗绘画、舞动疗愈、颂钵音疗、风味疗愈、芳香疗法，借大自然的力量，用艺术的形式，用真善美的表达方式，让我们的感官充分吸收这些信息，再进行内观和觉察，这是非常有意思的。

我在前天做了一次颂钵音疗。音疗过程中，我发现自己的上呼吸道很冷，于是就一边听一边打嗝儿进行排气。到了晚上还是很冷的状态，后来我才意识到，原来我有一个执念，就是无法相信自己会变得更好。所以寒气被压进身体里去了。可见我们借大自然的力量，激发内在活力，对情绪代谢也会起到一定的作用。

这里有一些自然艺术疗法，像芳香疗法、植物疗法、绘画疗法等。

最后提一个我个人的观点。我们在资源整合和建设生命部分，有两个步骤要做。第一是解压，把干扰的部分统统释放出来，学习接纳，以提升我们学习的专注力。第二，要扩展兴趣，用积极心理学的模型，不断去训练大家更好地投入和产生心流、产生创造力。这也是从脑科学角度，不断让海马体和下丘脑的部分不那么活跃，让大脑皮层和前额叶活跃的过程。我们的团队很有意思，把这样的监测也呈现出来。这能帮助我们更好地去了解自己，所以在上海地区，有十几所学校在做非常清晰的建构，以进行整体心理资源的开发。

这里分享一个上海浦泾中学的案例。疫情前，我们给学校做了很多积极心理学方面的分享和建构。疫情期间，我们带着很多学生做正念练习，以调适身心。这个学校的校长对我说："我真的觉得正念练习是有用的。"疫情封控的两个月里，她住在学校，投入到高强度的工作中。如果没有正念练习，根本没有办法做好。我们的体系，可以总结为这样几句话：第一，要相信生命是积极向阳的；第二，去学习；第三，去行动；第四，去拿到自己的实证。

　　这是从个体层面做介绍。就学校层面来讲，我们已经建立了很多系统。如何让系统中的内容变得更实在？需要更多的实践，也需要跟大家多分享、多交流。

江馨平

北山堂基金会行政总裁

一路走来的思考：正向教育在香港

感谢大会的邀请，让北山堂基金会能有机会与大家分享正向教育在香港一路走来的思考。

北山堂基金会，1985 年由已故知名慈善家利荣森博士建立，一开始专注于推动中国传统艺术文化的发展。自 2014 年起，我们在香港推动正向教育的发展。大家对香港的教育未必熟悉，香港约有 1100 所学校，其中约八成是政府资助的。近 20 年来，在教育局制定的框架下，香港的学校可以按照本校情况去规划、发展、管理和自评。所以学校在发展方面，有相对较大的自主权。

回顾近 10 年来香港的教育状况，有三个主要契机，让我们开始思考正向教育在香港的可能性。

第一个契机，让人较为痛心，就是在 2013 年到 2014 年两年间香港学童自杀数字攀升，受到了政府关注。就像朱永新老师讲的那样，教育是为生命而存在的。学生选择轻生，让我们反思：学生成长真正需要的是什么？

第二个契机，全球对教育的看法出现大改变。我们知道，OECD（经济合作与发展组织）的 PISA（国际学生评估项目）测评，一开始只关注学业成绩，香港也一直名列前茅。后来，全球对教育的关注转移到学生的幸福感上来，PISA 测评也从 2015 年开始增加了这方面的测试，香港学生的测试结果给了我们深刻的启示。

第三个契机，就是亚洲区在 2018 年前后推动素养教育和学生的情意发展，给了香港很大的启发。香港政府于 2022 年，在政策层面推动学界关注学生的品格和身心健康的发展。

历次的 PISA 测评数据，反映出香港学生的学业成绩卓越，但是生活满意度远低于世界其他国家。同时数据也反映出他们害怕失败，缺乏面对逆境的勇气。北山堂基金会认为除了学业成绩外，对学生的幸福感也要给予同等程度的重视。就像刚刚赵玥老师说的那样，"幸福感是每个孩子与生俱来的权利"。我们深信每个孩子都可以活出丰盛的人生，这也是我们推动正向教育的初心。

我们基金会有幸在 2008 年了解到澳洲的吉朗文法学校，这是一所有着 150 多年历史的老校，通过跟正向心理学之父马丁·塞利格曼教授的合作，启动了自己的正向教育之旅。当时的校长斯蒂芬·米克的初心，也是想惠及学生，以使他们能够更好地面对未来的挑战和不确定性，能够活出丰盛人生。从 2008 年到 2013 年，短短几年间，该校成功蜕变为全球首个以全校参与的形式实现正向教育的学校，并且在 2014 年成立了正向教育研究院，把学校积累的经验与世界各国的机构分享，北山堂基金会就是其中之一。

回到香港，我们看到在 2013 年到 2014 年两年间学童轻生个案数字的上升，作为一个香港的基金会，很希望能为香港教育出一份力。吉朗文法学校的成功案例，给了我们很多启示，使得我们有勇气去尝试把这种学习的环境引入香港，让香港的学生同样活出丰盛的人生。就这样，我们于 2014 年开始在香港推动正向教育。

澳洲吉朗文法学校的正向教育之旅是一个很成功的案例，但是如何实现这个模式在香港的本土化，以满足当地学生的需求呢？我们也是摸着石头过河。我们先找了一家有代表性的先导学校，它属于香港政府津贴学校，作为创新和研发基地。随后，我们用了五年时间，和该校一起去设计、共享，推动教师培训、课程规划、班级经营和家长培训等。这五年的宝贵经验和所研发的教材，通过北山堂基金会这个平台已经启发更多的学校走上了自己的正向教育之旅。

五个工作设计理念，是我们基金会一路走来，对教师、学校和学生，对整个教育生态需求的初步总结。正好跟赵玥老师刚刚提到的六大建议不谋而合。我们相信，教师绝对是推动改变的最关键的人物，学校是改变发生的场所，最重要的是以实证为本，并且可持续。我们也相信这不是单一或几家学校的努力就能够实现的，而是要共建共享，去建设整个香港教育的生态。

正向教育非常重视教师，像刚刚提到的，教育就是以生命去影响生命，引领整个群体迈向丰盛人生。这个道理很好懂，但是去做时，却一点儿不容易。那么如何装备教师呢？第一步，先建立一个正向教育的专业培训机构，让教师不但可以在知识和技能上有所获得，更重要的是重新出发，促进教师理念的转变。面对巨大的工作压力，我们强调在学习正向心理学知识以后，教师必须在日常生活中活出正向，在个人、家庭、工作层面体验到正向教育带来的好处。有了这个亲身体验之后，他们才能在课程和政策层面进行教导和融入。这也呼应了正向教育实施框架里的学习（LEARN）、活出（LIVE）、教导（TEACH）、融入（EMBED），简称"LLTE"。

我们相信一个说法，就是正向教育是可以被传授的，因此老师跟学生之间的每一次互动都非常重要。为了让每一次互动学生都感觉到安全、被重视和有归属感。我们为教师设计了不同的培训项目：首先，我们设置了探索正向教育课程，先让他们对基本知识和出发点有一个理解；其次，我们有一个一年的跨学校学习社群，让教师可以从更深层次、更广角度，去了解在实现正向教育的过程中可以怎么做。在这个过程中，我们结交了很多业界的领军人物。最后，我们有一个正向教育伙伴计划，让他们有一个空间、一个平台，能够更系统化地交流学习。

当教师回想到教育初心、活出正向时，其实他已经在实现正向教育了。很多教师给我们反馈，当他们看到学生对学习有兴趣和信心，面对逆境不失爱与盼望时，就像给他们的身体补充了氧气一样，他们可以继续努力了。

在有了先导学校之后，我们继续推动正向教育在其他学校的发展。目前基金会直接支持的学校有 21 家。因为我们知道，学生的幸福感想要可持续改变，必须要在整个学校氛围的影响下。所以校内的每一个人，除了要知道什么叫幸福素养（WELL-BEING LITERACY），还要有方法和能力去提升幸福感（WELL-BEING AGENCY）。学校的领导必须把正向教育融入学校的文化中，使之成为学校、家庭甚至是社区共同的信念和使命。实现正向教育最理想的状态是以实证为本，一方面，了解学生需要、学校情况、老师预备度、校长和办学团体的认可和支持；另一方面，参考正向心理学的研究，按照校情去设计和推行更有针对性、有效和可持续发展的策略。

我们通过跟不同类型的学校同行，共建多元化教育平台，拉宽学习的层面。这里有两个案例。我们刚刚提到香港学校以校为本，自主管理能力非常强。我们选了这样两所学校，一所是小学 A，一所是中学 B。它们在学校背景、学生需求、学生家庭背景和发展条件等方面都不一样。像小学 A，大部分学生家庭条件比较优越，课程空间比较多；像中学 B，聚集着一些弱势家庭出身、整体状态不佳以至对自我形象感到焦虑的学生。但是有一群教师，他们对正向教育非常热衷，由他们开始变成了全校教师。这"光谱式存在"的两极，都非常值得欣赏。

对于小学 A，学校选择了把性格强项作为正向教育的发展切入点。我们跟这所小学共建，从初小到高小，按阶段去发展课程。如果以强项为本，首先教学生如何发现自己的强项。每个人都有自己的强项，重要的是如何发挥强项，为社会做贡献。这就是我们刚刚所说的教导部分。

在小学 A，学生们的学习产出，是去发现自己跟身边人的强项。不同年纪的学生有适合他们自己的方法和语言。更重要的是，他们透过课程建立了共同语言，并且把产出用于布置学校，营造学校的文化氛围。他们在学校的讨论，也变成了学校氛围重要的一部分。当然教师的工作日程非常紧凑，我们跟不同的学校研发的材料，也希望透过我们基金会的平台，跟更多的学校去分享，协助教师们在繁忙的工作中，可以做得更快、更准、更有效。

接下来分享中学 B 正向教育的故事。学校是一个很重要的场所，我们需要在家庭、学校、社会的合作中，达到 1+1+1 大于 3 的效果。因此我们支援学校去培训家长，让他们成为学生成长的正向伙伴。回想香港在 2022 年疫情最严重的时期，有一个特别暑假，当时很多家庭真的不知道如何去适应。我们基金会为了能支持学生在家里停课不停学，设计了一些正向居家锦囊，让家长困在家里时，仍然能够继续陪孩子成长。

在工作理念上，我们非常相信志同道合的机构和人能够互相影响、互相支持和共同勉励，去建设生态。我们也很感恩，上个月一丹奖邀请我们基金会，跟同行老师做了一些分享。

目前，香港的正向教育正在呈现出百花齐放的发展态势。我们在实践中积累了许多宝贵的经验，也得到了深刻的启示。我们希望，通过这个平台，跟不同的实证者去交流，从而收到举一反三的效果。

我们有幸跟国内外的很多合作伙伴，有慈善基金会、有非营利机构，大家一起去思考更有效的方案，希望可以发挥协同效应。

北山堂基金会于 2014 年开始在香港推动正向教育，当时对正向教育重视的学校不到 1%。2022 年的时候，我们又做了一次调研，发现香港已经有 62% 的小学和 44% 的中学，把正向教育的相关理念纳入学校发展目标。当然，以上这些数据的提升绝对不是完全得益于我们基金会单方面的努力，而是过去 8 年一路走来，所有教师和学校、家长、NGO（非政府组织）、同行者、各持分者，共同努力、共建、共享的成果。

再一次感谢大会的邀请，让我们有机会反思香港正向教育是如何一路走来的。展望新征程，还有很多未决问题，也希望跟不同地区的同行一起去探讨下一步该如何发展。

第一个问题，我们这么努力，到底这份工作有没有成效？是不是真的能给学校和学生带来改变？北山堂基金会有自己的评量工具，通过测评我们支持的先导学校，证明是有效果的。在正向教育方面，有很多不可控的因素。我们常常思考这些问题：除了有评量工具和案例之外，还能如何更准确地了解工作的效能？如何把这些信息回馈到工作改进上？

第二个问题，是出于近几年对整个世界的感悟。首先我们面对的未来，只会更多变、更不确定、更复杂、更模糊。我们不得不问自己：现在做的工作是否具有前瞻性和弹性？在 VUCA（易变性、不确定性、复杂性与模糊性）时代，

61

如何探讨进一步的问题？比如：数码时代对孩子幸福感的影响，不同地区、不同文化背景对正向教育的影响，我们能不能再进一步结合正向心理学和学习科学举一反三，把正向教育放入主流，放到学校的整个系统中。

第三个问题，就是正向教育的终局。我们希望有一天，除了去每一所学校去改变每一个人，还有如何影响教育和学习政策。假如有一天政府出台一个政策，要求所有的学校都要用同一种方式去执行正向教育里某一个措施，比如性格强项，这是好是坏？我们想看到的是百花齐放，还是统一步调？说实话，我们也没有绝对的答案。但我们深信只要大家继续努力，不断反思与分享，一切终将见分晓。

白雪峰

清华大学附属中学副校长

从"心"教育走向"新"教育

感谢大会邀请。下面我来分享一下清华附中在积极教育方面所做的探索和实践，我汇报的题目是《从"心"教育走向"新"教育》。

清华附中作为一所百年老校，秉承"以育人为中心，以学生为主体，为了每一个同学的个性自由而全面发展"的办学理念，不断实践探索，守正创新，在促进学生发展方面积累了丰富的经验。2017 年，我代表学校在"国际幸福教育·积极心理健康教育研讨会"上发言；2018 年，学校邀请清华大学彭凯平教授、赵昱鲲博士为全校教师开展系列培训，提升和丰富教师在积极教育方面的理论水平和实践能力。在这些过程中，我对于积极教育的理解不断加深。我认识到，积极教育旨在激发学生本自具足且自性光明的特质，如爱、感恩、尊重、希望、乐观、韧性等积极心理品质，引导学生接纳自我、追求幸福。随后的几年，我本人也开始参与积极心理学的推广工作。

一、"心"教育—— 行有"心"之教，育有"心"之人

（一）营造激活师生内心澎湃动力的学校文化

学校在推动积极教育的过程中，组织了多期培训班，如"教练型教师研修班""青年教师读书会""班主任成长工作坊"等，很多培训班是教师自愿参加的。教师理念提升后，我们惊喜地看到，这些教师开始主动为学生讲授"成长

型思维"课程,开始带领学生开展各式各样的积极心理体验活动。在疫情期间,学校要求每位教师给学生写一封信,我们高兴地看到,很多书信的观点都体现了"成长型思维"理念。

我认为学生的积极心理品质是本自具足的。在推行积极教育过程中,我们强调"以尊重唤醒自尊之心,以理解唤醒包容之心,以行动唤醒仁爱之心,以志向唤醒进取之心",学校的很多活动和课程都体现了"心"育理念。

清华有师生"从游"的优良传统,附中师生勉力躬行,生生之间、师生之间、家校之间形成了良性互动的积极关系,师生的内驱力得以激活。

(二)构建家校社协同育人的终身成长共同体

积极教育文化建设离不开家长的支持和参与。在清华附中,教师、学生、家长不是孤立的个体,而是共同成长的伙伴。教师和家长是学生成长道路上的引导者和陪伴者,与学生一起面对挑战、面向未来。清华附中的家长们通过家委会与学校进行积极沟通,成立了组织宣传部、终身学习部、社会公益部、综合保障部、毕业年级部等自服务组织,开设了家长读书会、家长书画社、家长心理工作坊、家校共育论坛、亲子跑团等自教育平台,终身学习的理念已经根植到家长们的心中。

通过自主学习和相互影响,家长们的教育理念得到提升,家庭教育与学校教育形成合力,共同构建积极的社会组织体系。学生在尊重、包容的文化环境中,心灵得以不断丰盈。

二、"新"教育——守君子文化之正,创积极教育之新

(一)做人——厚德自强,做博雅君子

1914 年,梁启超先生在清华演讲时,激励清华学子"崇德修学,勉为真君子"。清华附中的积极教育，守"君子文化"之正，倡导学生"厚德自强，做新时代博雅君子"，引导学生增强"自尊、自治、自爱"意识，时时用"根植于内心的修养、无需提醒的自觉、以约束为前提的自由、为别人着想的善良"自省，努力成为有文化的清华附中人。

疫情防控期间，面对居家学习的必要安排，学生们真正做到了慎独自律，"居家做君子，成长不掉线"。

为唤醒学生的仁爱之心，清华附中鼓励学生用实际行动服务社会。2014年，学校成立了中学生支教团，"给别人一个梦想，给自己一份成长"。自此，每年暑假学生们走进国家级贫困县开展公益助学活动。此举的意义在于让学生"在建设中成为建设者，在接班时成为接班人"。

（二）健体——为祖国健康工作五十年

"无体育，不清华"，清华大学马约翰教授强调，体育"用科学方法锻炼人民健全的体格"的同时，更可以"培养人的优秀品质，达成教育的目的"。清华附中重视体育，大力弘扬体育精神；同时创新心理辅导工作的方式方法，开设"生命成长系列课程"，促进学生身心健康发展；引导学生从小立大志、明大德，"争取至少为祖国健康工作五十年"。

（三）为学——以适合自己的方式成长

清华附中重视艺术教育，尤其是在美术教育和戏剧、影视教育方面进行了大量的实践，提升了学生的审美能力，帮助他们发现了自身的优势和特长。学校开设研学旅行、文化考察等各类社会实践课程，引导学生关注社会发展，收获积极的自我认知，提升见识和格局。2013 年，学校成立"创客空间"和"高等研究实验室"，开展 STEM 教育（科学、技术、工程和数学教育），鼓励学生

"在做中学，在学中做"，让学生在"基于兴趣的学习"和"基于问题的学习"过程中，感受到学习的意义，感受到生命的价值。我们根据学生的年龄特点和成长需求，整合校内外资源，创办各类学生社团，不断丰富活动形式，提升课程品质，致力于"让每一位同学都能以最适合自己的方式成长"，成为有个性、有创意的堪当民族复兴大任的时代新人。

总体来讲，清华附中的积极教育，力求行有"心"之教，育有"心"之人，从"心"教育走向"新"教育。清华附中通过营造积极的社会组织体系，激发学生、教师、家长终身成长的内在动力；通过丰富多彩的学习体验，锤炼学生本自具足的积极品格，使之最终形成完善的人格，感受有意义的幸福人生。

易永伦

四川省成都市树德实验中学校长

积极心理　幸福成长

非常感谢大会的邀请。我今天发言的题目是《积极心理　幸福成长》。我是四川省成都市树德实验中学的校长。我校从中华人民共和国成立前的女子中学发展到今天，一直秉承"树德广才"的办学传统，关注学生身心的健康发展。这些年，学校系统开展了积极心理学的课程学习和实践活动。

我们首先发布了《树德实验中学积极教育实践推进方案》，以"一个立足点、两个机制、三类课程、四大路径、五个维度"为工作机制，培养学生的积极心理品质，全面推进积极教育理论和实践创新。我校的这一实践成果获得了四川省政府的表彰。

下面我从课程建设和家校社共育两个方面，谈一谈积极心理学课程在我们学校的实施过程。

首先从学生成长课程来看，我们构建了三类课程体系，包括积极心理学的专业课程、积极心理学与其他学科融合的课程以及德育课程。根据积极心理学课程的几大板块，我们在七、八、九年级分别开设了多门课程，像生涯规划课程和情绪表达课程。学生们做心理小报，创作心理剧，讲心理故事，用色彩来表达情绪，还进行一些正念训练、冥想等等，这些都给学生以积极的心理体验。

我们也在学科课程的融合中，进行一些积极心理的培育。学校积极开展德育浸润活动，比如国旗下的演讲、大型节日活动、学生志愿者活动等，这些活动体现了学校以德育人、全面育人的理念。学校还通过一些游戏活动，给学生提供一个接受自我、悦纳自我的氛围。下面我播放一个小视频，展现疫情过后返校学生参加游戏"杯子歌"活动的场景……我们围绕积极教育、积极情绪、自我认识和积极关系等等，开展了一系列主题班会活动，比如"每天分享关于幸福的三个小故事""多维度的感恩训练"和"阳光班级的积极建设与体验"，造就了学校的积极教育特色。

还有我们的"教师幸福力成长课程"。我们认为，只有优秀的教师才能培养出更优秀的学生，所以我们为教师搭建了幸福力成长课程平台。有"诗书为伴"课程，闲来读写，添诗书雅韵；有快乐艺体课程，德艺兼修，显生命张力；有积极心理学课程，让教师体会职业幸福感；有树德造"角儿"课程，让教师成为身边人的榜样。设置这些课程的目的，就是让教师在积极自我和积极关系中，尽情释放自己的积极情绪，体会团队的力量，展现团队的风姿。

下面谈一下家校社共育。我们为家长打造了"六个一"的课程体系，以进一步促进其家庭教育观念的转变，实现全员全过程育人。我们和北京师范大学联合开发了线上家长学堂，每周有讲座，可以在线上学习。同时我们也逐步摸索出了一套构建"父母成长、家庭幸福、孩子成才"的积极亲子关系评价模式。学校创建的星级家长评价模式，提升了家庭教育的品质。

最后谈一谈效果。两年多来，清华大学的一系列测试结果显示，我校学生的幸福指数不断上升，成长型思维小幅提升，同时学生的抑郁和焦虑情绪指数低于常模均值。学校教师口中的高频词是"孩子""优势""幸福""改变"等等。我们也将实践经验在区域内外广泛推广，包括去一些社区、医院、团队举办讲座，开展活动。我们将经验总结性文章发表在核心期刊《心理学前沿》上。今天，我们依然以课题的形式，把积极心理学与家庭教育结合起来，继续探索新时代育人模式的变革，为培养更完整、更具幸福力的人而持续努力。

我就讲到这里，谢谢大家。

辜泽鸿

新加坡圣公会中学校长

培育"有塑造未来能力的领袖"

大家好，谢谢论坛给予这个机会，让我介绍正向教育在我们学校的效果。有位学生对我说，他很爱圣公会，不知道为什么，就是爱圣公会。所以正向教育做得好，不仅会让学生乐于学习知识和技能，还会让学生全身心投入校园生活。

我们学校的愿景是：卓越的领袖、秉公行义的品格、终身勤学的态度、共造福祉的心志。我们跟学生讲，无论在学校有没有得到领袖的位置，你都是一个领袖。作为领袖，要有秉公行义的品格。学生在学校读书不只是为了拿到好成绩，更体现在要锤炼共造福祉的心志。

在历史上，我校曾经是一所华校，后来被新加坡教育部定为特选学校。所以我校保留了华人的文化思想，而"学做人"是我校教育理念的核心。"人"这个字容易写，但真正做一个人，讲究的不单单是有技能，还要有品德。我校的愿景是"每一个学生都是一位卓越的领袖"，整个学校给人的感受就是要培育"有塑造未来能力的领袖"。

在很多方面，我们贯彻正向教育所秉承的理念，倡导用幸福感助推成功，而不是反过来。如果我们在抚慰心灵方面做得好的话，会达到成功，而不是反过来。因为在追求成功的过程中，往往会有很多无形的压力，有时甚至需要面对竞争，并且是不良竞争。

刚刚有位专家提到了正向教育里的 PERMA 元素，我们融入了身心健康（Health）元素，所以成了 PERMAH。因为在德、智、体里，我们更注重身心健康这个元素。由这个 PERMAH 引领我们学校办学，贯彻正向教育。（PERMAH 中的六个元素分别指正向情绪、全情投入、良好关系、意义人生、成就感和身心健康）

谈一下新加坡教育系统。新加坡教育部有两个专门负责学生心理健康和品德发展的部门。一个是辅导处，它专注的是学生的情绪管理教育和人际关系教育；另一个是品格与公民教育处，它专注的是学生的价值观教育。

我们学校在正向教育方面做了很多。因为时间有限，我将着重谈两个方面的内容：一是把 PERMAH 融入学校课程的历程，二是如何让学生有一个好的开始。学生一个星期在校五天，时间有限，所以正向教育最好的做法是融入和结合。在学校活动中，能够把 PERMAH 元素融入，就很成功。教师们在不断学习，学生们在不断实践，从而结出正向教育的硕果。

比如在初始学段，我们会办一个学生营。在新学年的第一周，教师们不上课，而是在学生营里做学生工作。学生们会全情投入不同的游戏，他们在活动中得到的信息就是往正方向走。我们了解到，在每个学段初期，学生在假期过后回到学校，会面临很多压力，比如要交作业，要结识新的老师和同学。我们做了一个调查，了解到不同学科教师面对开学的心态。如果某位老师觉得某个学生需要跟进的话，可以跟学生谈，甚至学校的辅导员也可以去跟进，也可以跟家长联络。

我校是一所教会学校，每天有晨祷。借这个机会，不仅可以塑造学生的品格，而且还可以对他们进行正向情绪的引导。一般来说，一个班有两个级任老师。如果某节课没有老师来上课，那么级任老师就会在这个时间段跟某些学生单独交谈，通过和学生建立起良好的关系，辅导有需要的学生。

学校作为公民道德建设的重要阵地，就是让学生学会抗压的技能，学会用正面语言来表述自己的情绪。因为很多学生没有把自己的情绪表述出来，通常会压抑，变成一些负面情绪发泄。

另外一个方法，就是如何把PERMAH融入课程。在我们的正规课程里，新加坡有社会科，是每个学生都要修读的。在社会科上会谈到一些社会课题，我们会借这个机会把PERMAH里的全情投入、意义人生和成就感融入其中。学生们在做研究小组布置的专题作业时，会接触到社会问题。再运用设计思维和批判思维，提出一个个解决方案。希望通过这个做法，让正向理念深入学生内心，从而达到PERMAH里的全情投入、意义人生和成就感。这也就达成了学校"共造福祉的心志"的愿景。

我们请了贸工部和社区的工作人员及青年部政务部长组成联合调研组，深入学校开展专题调研活动，研究社会课题和解决方法。我们也请了大学的教授，来引导学生。另外，新加坡每个学生都有补助课程，通过多样化的活动培养学生们建立良好关系的能力、团队合作能力。

最后讲一下，对教师福祉的投入是正向教育成功的关键。我们用PERMAH设计跟教师互动，我们在这个方面，得到了一些肯定。因为新加坡教育部每两年会对全域的教师做一个调查，了解教师全情投入的状态。在这项调查中我校教师的成绩进入全国前25%。学校需要增进教师的福祉，尽量减轻教师的工作量，确保教师的工作是有意义的。我们让教师参与学校战略策划。当教师们觉得自己有机会影响到学校发展的方向时，距离他们全情投入的时刻就不远了。

吴相仪

台湾高雄医学大学正向心理学中心主任

台湾正向教育概况

从早上到现在，我听了这么多优秀者的分享，每一位的分享都有丰富的内容。我曾经听过这样一句话：你不需要很厉害才能开始，但是一定要开始才能变厉害。大家共勉。

我今天主要分享三部分内容：第一部分，先是自我介绍，然后分享一个和宾州大学的合作案例，并将其中一个重要研究成果，提供给各位正向教育工作者参考；第二部分，介绍台湾高雄医学大学正向心理学中心及其亮点；第三部分，介绍台湾正向教育的概况和相关资源。

首先是自我介绍。我叫吴相仪，大家叫我相相老师，目前在高雄医学大学心理学中心任教。我过去曾经当过 10 年的小学教师，其中 3 年担任辅导组长，一路进修，最后进了博士班。12 年前，也就是 2011 年，我申请到了博士奖学金，可以去美国宾州大学做访问学者，同时进行博士论文写作。当时在宾州大学指导我的是安吉拉·达科沃斯教授，她和马丁·塞利格曼教授曾经有个著名的研究——自我控制比 IQ 更能预测学业成绩。当时安吉拉·达科沃斯教授对我说："你去搜集一下台湾的样本，看看是不是跟我们西方人的研究结果一样。"然后我就去搜集 IQ 和学业成绩。发现初中一年级学生中 IQ 高的人，学业成绩比较好，跟达科沃斯教授的研究结果不一样。向他汇报后，达科沃斯教授说：

"不要着急，你追踪四个学期去看。"我就去追踪，结果发现，自我控制果然能预测学业成绩。可见，小时候可以靠小聪明，伴随着成长，自律会突显出它的重要性。自律也是优势强项之一，和学业息息相关。因此，要想学业成绩始终保持优秀，持之以恒的毅力的培养是一个关键。

2014年，台湾高雄医学大学成立了正向心理学中心，也就是我现在任教的地方。一开始我们中心只有四位教授，到今年，已经有二十几位研究员和业师了，算是蓬勃发展起来了。刚开始我们真是从无到有，因为是医科大学，所以我们希望先从幸福医院做起。我们中心先带着护理部的主管完成幸福的初阶和进阶课程，总共加起来用了十周的时间，然后去测量他们的变项，再然后去设计课程。

一直到现在，还有很多工作要去做。2022年5月，正向心理学协会成立了。我们每个月都有免费的"正心下午茶"活动。各位如果有机会，可以线上聆听。

我们中心的研究亮点是华人强项测验。西方人的强项测验中有24项，但是很多题目叙述不适用于华人。我们查阅文献，重新去做，按比例抽样，做了台湾青少年强项测验，从而发现了跟幸福感最相关的强项的排列。我看到台湾某一级期刊上有篇文章回顾英国的威灵顿公学首创幸福课程，其中也提到幸福教育与品格教育息息相关。我在想，幸福感可以培养吗？因此，这就又回到强项培养上来，它是幸福教育的重点之一。

最后一点点时间，分享一下台湾正向教育的概况。目前，台湾推出了正向心理健康促进的工作模式，这个模式并不是凭空而来的，而是很多专家学者根据重要的理论达成的共识。以后，这个模式会推广到台湾的中小学。

叶碧君

顺德联谊总会李金小学副校长

推动正向教育，助力学生健康快乐成长

今天跟大家分享我们学校是如何推动正向教育的。我们学校从学生的实际出发，参考本地不同的政策、课程指引，参考不同持分者的问卷调查结果，去了解本校学生的状况。此外，参考美国的正向心理学文献和中国教育部的文献，还有OECD（经济合作与发展组织）的框架，去规划如何推动正向教育。

顺德联谊总会李金小学位于香港新界屯门区，是一所政府津贴小学，一至六年级共有30个班级。学校在2017年开始推行正向教育，目标是校内所有成员能活出生命的丰盛，获得健康和幸福。

学校通过营造正向环境、开设学校课程、开设德育及正向课程、优化正向班级经营模式、组织正向团队、培训家长及实施其他政策或措施等，推行全校模式的正向教育。

第一，营造正向环境。学校在校园内设有不同的玩乐设施及正向布置，如开心讲墙、足球机、篮球机、正向壁画、空中心灵花园等，让学生在课余时间参加不同游戏活动，以培养正向情绪，享受校园生活。此外，教室不再是传统的布置，教室设有游戏区、积木玩具区、创作区等，班主任及科任老师会根据学生的学习风格、学习能力、情绪、智商等，安排他们分组而坐，以尊重学生智能的多元。

第二，优化正向班级经营模式。学生每天早上到校后，会先跟老师、同学打招呼，然后到情绪天文台贴上自己当天的情绪状况。放学前，班主任会带领全班学生与邻座同学分享当天的情绪或感受，并做适时的引导。这个分享情绪环节，不但让学生有机会抒发自己的感受，学会管理情绪，而且还加深了生生或师生之间的了解，培养了学生们的同理心，有助于他们之间建立正向关系。

第三，开设德育及正向课程。本校在一至六年级以六个不同主题，渗入正向教育、生命教育、社交情绪教育、国民教育及身心健康教育等元素，设计校本课程。让学生通过不同形式的体验式学习活动，形成正确的价值观及人生态度，从而活出生命的丰盛。

第四，开设学校课程。学校提升各科课堂教学效能，如在教学中渗入社交情绪，通过不同教学策略，让学生在课堂上获得正向情绪，投入学习，培养他们的专注力、学习兴趣以及学习能力。例如，课堂增设 BRAIN BREAK（醒脑活动）环节，一方面让学生通过活动在课堂上放松一下，另一方面让教师了解学生的学习状况，以调适教学。此外，学校制作不同系列的正向动画，让学生对正向有更深入的了解。如至正家族系列，让学生了解情绪与学习的关系。让学生通过不同的方法，如眼部瑜伽、呼吸法或醒脑活动等，学会管理自己的情绪，调整自己的状态，投入学习。

此外，为了缓解学生的压力，在功课以及评估政策方面也进行了不少优化。如删去操练性的功课，功课重质不重量；减少测考的次数，以不计算分数的持续单元评估代替，并收集数据，分析学生的学习状况，照顾学生的学习需要，有效提升其学习效能。

第五，组织正向团队。学校通过开展不同专业发展系列活动，如举办工作坊、观课交流活动、讲座、读书会、心灵成长活动等，加深学校教师、教学助理、校务处人员、信息科技技术员及校工等对正向教育的了解。并通过不同策略，让每一位成员也拥有正向情绪。

第六，培养家长。本校制订了全校家长教育计划，通过举办讲座、亲子活动、工作坊、观课及茶聚活动等，提升家长对正向教育的认识，使之与学校同行，助力孩子健康快乐成长。

我们期望李金小学的学生在六年的小学生活中不但乐于学习，而且还能健康快乐地成长，继而迈向丰盛有意义的人生。

以上就是我们学校推动正向教育的概况。大家可能会有一个疑问：学校的课程、测考都减少了，学生的学习能力还能提升吗？近年来，全港系统性评估报告显示，我校学生的学习能力在不断提升，而且情意发展水平和社交能力也在提升。

可持续发展与体验学习

唐虔

联合国教科文组织前助理总干事

SDG 4：初衷与挑战

今天非常高兴，有机会和几位嘉宾一起参加本次论坛。程介明教授让我讲一讲 SDG 4，也就是可持续发展目标 4 的背景，供大家参考。

联合国在 2015 年确立了 2030 年可持续发展议程，设立了 17 个在 2030 年需要达到的可持续发展目标（SDGs），其中目标 4 是有关教育领域的。在 2015 年的联合国峰会上这些目标获得世界各国领导人批准，并且他们承诺将其作为国际社会在今后 15 年的发展目标。我在担任联合国教科文组织助理总干事期间，曾领导教科文组织和联合国儿童基金会、世界银行一起组织了全球范围内的专家磋商，准备 SDG 4。

在座的各位都是很有成就的专家学者与实践者，我想从不同的角度，讲一讲全球教育发展的背景，希望对大家有所助益。

联合国的理念是"教育是最基本的人权，每个人都有受教育的权利"。从 1990 年开始，联合国在全球范围内推动了 EFA（全民教育）运动，设立了不同的目标。目的有三个：第一，为各国今后的教育发展指明方向；第二，让各国之间有所比较；第三，希望促进大家的交流与合作，让先进帮助后进，大家共同进步。最终目的是助力全球发展教育。没有教育，就不可能消除贫穷，就没有社会经济发展，就不可能拥有长久和平。

我先讲一下全球全民教育发展目标的演进。1990 年，世界全民教育大会在泰国召开，确定了 6 个 10 年期的全民教育目标，希望 10 年后实现全民教育。在 10 年之后的 2000 年世界教育论坛举办，世界教育决策者们集中在塞内加尔。他们发现目标远远没有达到，于是又设立了 6 个新的为期 15 年的目标。同一年在联合国的千年峰会上，又确定了 8 个千年发展目标，其中 2 个跟教育相关，也是为期 15 年。2015 年世界教育论坛在韩国仁川举办，有 140 多个国家的教育部部长参加了本次论坛，发现这些 15 年目标远远没有达到，于是建议设立新的 15 年目标，叫《2030 年教育议程》，并且把这个目标提交给 2015 年联合国首脑峰会，把它作为可持续发展议程的 17 个目标之一。可以看到的是，这些年来不断设立目标，但是大家低估了实现全民教育的困难，这些目标并没有实现。

那么 2030 年可持续发展目标 4（SDG 4）是如何形成的呢？从 2012 年开始，有两条并行的轨道。一条是联合国成立了一个开放工作组，由 70 多个国家的代表组成。另一条是当时的联合国系统做了分工，在教育领域由教科文组织和联合国儿童基金会、世界银行通过组织全球磋商来提建议。在 2012 年到 2013 年两年间，我们首先组织了各大洲的教育专家进行磋商，2014 年又组织全球专家磋商，同时把建议提供给联合国开放工作组。到了 2015 年，我们组织了政府间的各国教育部部长磋商，也把结果提供给联合国开放工作组。2015 年，在韩国仁川的世界教育论坛上，140 多个国家的教育部部长提了一个总建议给联合国秘书长。由联合国秘书长在当年提交世界各国首脑峰会，最后确定了 SDG 4 作为 17 个可持续发展目标之一。

当初我们的专家学者和教育部部长们的建议是，要有一个总体目标，即到

2030 年要实现包容、公平的全民优质教育和终身教育。但只有一个总目标还不够，还要有具体的要求，不然就很空洞，所以又提了 7 个具体目标，有提供免费义务的一年学前教育和九年基础教育，还有扫盲、职业和高等教育、成人教育，还包括了人文主义的理念，就是要开展可持续发展教育和全球公民教育。

还有两点作为保障因素提出，就是要有合格的教师和足够的教育投入。对教育投入提出的目标是，各国将至少 4%～6% 的 GDP 或至少 15%～20% 的公共支出用于教育，这是各国专家与教育部部长们提出的建议。这些建议到了联合国总部，经外交官们讨论以后予以采纳，最后的 SDG 4 用语是"确保包容、公平的优质教育，促进全民享有终身学习的机会"。外交官们接受了这四个基本因素：包容、公平、质量和教育的全过程（即终身学习），但在具体的目标上有一些调整。他们建议了 7 个具体目标和 3 个所谓"实施方式"，从 1 到 7 是基础目标，有 12 年免费基础教育、幼儿教育、职业和高等教育、成人教育、教育公平、扫盲、可持续发展，这些和我们提的建议基本一致。同时还有 3 个实施方式，分别是营造学习环境、提高奖学金数量和增加合格教师的人数。总的来讲，他们接受了我们的所有建议，唯一缺憾是由于各国之间的政治博弈，没有把教育投入列为一个具体目标。

可持续发展目标 4（SDG 4）的设立，是世界各国教育专家和决策官员经过磋商达成的共识，是由各国的领导人最后确认并做出的政治承诺。它涵盖了四个基本要素，教育要公平、包容，要能学到东西（教育质量），要终身化（不是某一阶段才学习，是终身学习）。同时，它反映了人文主义的教育理念，不光是将人视为人力资本，要考虑到教育首先是育人，所以提出了可持续发展教育、人权教育、全球公民教育等等，这样一些人文主义的理念。同时，它强调所有国家都要达标才算，仅仅个别国家达标不算，而且是全球一起达标。同时同意联合国教科文组织的建议：只有目标，没有监测体系，最后就流于形式，达不到目标了。所以需要不断监测它的发展情况。教科文组织提了一个指标体系，并且每年发布一个全球教育报告。全世界各国的教育部每年有义务将国家教育统计数字报告给教科文组织，教科文组织统计、研究所获得的全球资料，每年分析各国全民教育的进展。

还有一点需要指出的是，有些目标定得比较高，也是为了鼓舞人心。例如教育部部长和专家提的建议是提供 10 年的免费义务教育。但是外交官说，10 年不够，要 12 年，初中、高中都免费。我们说，这个标准肯定过高，2030 年达不到。他们说，我们是为了展示雄心，即使达不到目标，也要定得高一点。由此可见，目标的设立除了专业考虑，还有政治考量。最大的遗憾是教育投入没有列入具体目标，这是博弈的结果。因为一些发达国家反对把这个指标列入，最后就没有列入，后来发现这是一个极大的缺陷和遗憾。

2015 年之后，大多数国家都将其教育发展战略与全球目标接轨，中国的《中国教育现代化 2035》也是和这个目标接轨的。从 2015 年到 2030 年，现在时间过了约一半，7 年多了。教科文组织这些年一直在监测目标的进展情况，多数目标有进展，但是进展情况没有达到预期效果，尤其是发展中国家，它们的教育资源还是远远不够的。

这里有几个数字，一个是全球每年有 2.6 亿少年儿童失学。过去 5 年中这个数字基本没有改变，预计到 2030 年还会有 8 400 万失学儿童。也就是说，普及基础教育这个目标达不到了。普及中学教育也还是遥不可及，到 2030 年估计只有 70% 的适龄人口会接受中学教育。

过去 3 年，疫情的影响是巨大的，联合国现在提出学习危机、预算危机。因为疫情的影响，来自联合国的数据显示，1.5 亿学生错过了线下学习的机会，有 2 亿学生失学，90%以上的学生由于学校封闭，学习进程受到了阻碍。中国受疫情影响，在很长一段时间里，学校也停止了线下教学活动。同时，半数以上的国家由于疫情影响削减了教育预算，特别是发展中国家。这些对完成可持续发展目标 4（SDG 4）造成了很大的负面影响。

2022 年 9 月，联合国在纽约举办了一场"教育变革峰会"，是教科文组织和联合国总部共同召开的，130 多个国家的领导人出席了会议。首先，他们承诺，今后还是要回到优先发展教育的道路上来，而且再次确认要努力在 2030 年实现可持续发展目标 4（SDG 4）。在这次会议上，联合国秘书长发表了一份"愿景声明"，提出要为学习者的发展提供包容、公平、安全的学习环境，支持教师成为变革的推动者，还提到了数字化转型和加大全球教育筹资力度等。联合国感到有预算危机，各国教育投入远远不够。

联合国有一个"可持续发展目标 4 高级别指导委员会"，成员有来自各大洲 18 个国家的代表和一些国际组织代表，是一个全球性的协调机构。该机构在峰会之后根据各国的报告，提出关乎教育的 7 项重大后续活动，建议各国在今后给予考虑。

第一个就是绿色教育，讲的是要为可持续发展、气候变化做准备，因为气候变化是人类将要共同面对的巨大挑战，还有数字化解决方案。咱们今天的论坛有两个很切合这些后续活动的主题，一个是教育为可持续发展服务，一个是教育与元宇宙。另外还包括教育体系的改革、性别平等，要通过更多更公平的创新投资，来改变教育融资的方式。教育的投入确实是当今一个重要的挑战，联合国要求各国在投入上要有更多更好的办法，这是最近高级别指导委员会通过总结各国的情况以后，给予各国的建议。

大家可以看到，可持续发展目标 4（SDG 4）的确立是专业的考虑加上政治的考量，最后又有一些妥协的产物。世界各国的情况不同，在制定目标时，有很多博弈与妥协。最终，这个目标还是能对各国起到一个指导性的作用。

从 1990 年开始，国际社会几次确定了全民教育的长期目标，但是每次的目标都没有完成，说明在全球完全实现全民教育难度很大。但是确定目标的确取得了鼓舞人心的效果。同时通过监测手段，也给了各国政府很大的压力，迫使它们多投入教育，并敦促发达国家对发展中国家提供教育援助。毕竟教育是全球实现可持续发展的基石。今天，我们在讨论中国教育面临的挑战和今后的发展战略时，了解一下当今国际社会的教育发展趋势，还是有好处的。毕竟各国的情况不同，但面临的很多挑战是共同的。所以看看别国是怎么做的，看看全球的发展趋势，对我们完成工作有一定的好处。

这就是我向大家提供的 SDG 4 的背景以及国际教育的发展趋势，供大家参考。

梁锦松

香港南丰集团主席

香港教育的实践案例分享：从 SDGs 到 SEWIT

很荣幸能够参加今天这个论坛。刚才，我听了唐虔教授的分享，很受启发。他让我们知道除了要有很好的理想，还要重视现实，毕竟各国的情况不一样。可持续发展目标（SDGs）从广义来讲有 17 个，这 17 个都非常好。唐教授刚刚只是介绍了可持续发展目标 4（SDG 4）。

我们感觉这 17 个比较难记，就从中挑了几项。我们南丰集团最初是做纺织产业的，对于 SEW（缝纫）比较关注，所以就以 SEWIT 为一个可记的主题。SEWIT 就是社区共融（Social Cohesion）、环境保护（Environment）、全人健康（Wellness）、创新（Innovation）和科技（Technology）。希望我们的业务围绕这 5 个目标来发展，也希望其他企业跟团体围绕 SEWIT 来发展业务，而不只是赚钱。

比如我们做的地产，是零碳排放。最近，我们在九龙建好的 20 万平方米的建筑，是香港首个获得五大绿色建筑标识证书的建筑。我们也要求租户在各个方面，能够提供可衡量的方案，来实时监控耗能，对废水进行优化处理。

我们推动不同的活动，我们叫世界之约，来与社区一起可持续发展，比如开展跟自然共存、运动健康、社区参与、艺术和文化教育等有关的创意活动。

我们看到香港商界开始积极推动 SEWIT 或 SDGs，金融界也有相应的支持，包括推出有成本优势的绿色债券。我们觉得播种 SEWIT 和 SDGs 的理念，最好是在学生时代。好的理念，能正面影响一个人以后的发展。在推动这些理念的过程中，我们感觉到体验学习是一个有效的方法。

程介明跟我，还有一群朋友，我们在二十几年以前，除了推动香港的教育改革，把香港的大学从三年制改成四年制，改了课程，并且还发布了一个研究报告，就是《不一样的教育》的倡议。我们提出教育应该包括三个方面的内容：知识、素养（技能）和品格（价值观）。我们特别指出，一个人的知识结构应该是 T 型的，就是既有广博的知识面，又有较深的专业知识。

在知识经济时代，需要学生拥有广博的知识面。素养对成功人生非常重要，包括自我驱动的能力，自信不自满，输的时候不轻易放弃，有很强的自制力，要有成长心态，要坚持等。但更重要的是品格的培养，包括诚信、责任感、承担精神、关爱他人、尊重他人、包容、维护公平、尊崇法治、平等等方面。香港教育太强调知识和技能学习，无论是大学招生还是公开考试，我们认为教育也包括全面素养和品格的培养。

体验学习是培养全面素养较好的方式。在这个方面学校有责任，但教育不只是学校的责任，也是家庭和社会的责任。我们喜欢的学习模式是 5P：Peers，跟伙伴一起共同学习；Play，游戏学习；Purpose，知道能达成什么目的；还有 Project（专题研习）和 Passion（热情）。一会儿我会介绍所罗门教育，讲述怎样通过这 5P，对学生进行财商教育和品格教育。

教育大平台是发布《不一样的教育》报告后搭建的一个平台，调动社会各界的资源，旨在给基层家庭出身的学生提供更多体验学习的机会。在不同的家庭，资源是不一样的。家境好，就会有很多的学习机会，孩子可以从小通过不同的体验学习，包括运动、旅游等活动来学习。我们搭建这个平台，希望达到三个目标：第一个是全民投入，NGO（非政府组织）也好，政界也好，商界也好，都能够有所投入，以帮助学生学习；第二个是全民教育，使不同的学生有均等的受教育机会；第三个是全人教育。

我举几个例子。第一个例子是南丰纱厂的改造，我们对南丰纱厂进行了改造，把它变成了一个创新创意创业中心。南丰集团跟教育大平台合作，在暑期举办了很多活动，让学生用一些布料，思考如何做成产品，如何推广，如何定价，如何生产，让学生团队变成一个可以赚钱的"企业"。让学生们学习不同的工艺和科技，来达到"企业"持续发展的目的；让学生们学习如何创业，以提倡环境保护与创新。

第二个例子是游戏创新，我们在 2018 年、2019 年的暑期，分别请有关师生到福州参观网龙网络有限公司，这是一家游戏设计公司。在这里，我们一边让香港学生学习进行游戏创新，一边让他们更好地认识内地，参与的学生有200 名。

第三个例子是大豆的培养。我们跟香港中文大学的一位教授一道，通过科学实验让学生对生物科技有了更好的了解，也认识到了现代农业特色与社会发展的关系。我们组织了 80 名教师和学生到内地参观，让他们知道粮食安全跟气候变化之间的关系。还有不同的后续活动，共有 30 多所学校参与其中。

大教育平台从 2017 年成立到现在，我们做了很大努力。除了在过去 3 年，由于疫情关系暂停了活动，我们共开展了 12 次活动，共有 7 000 多人参与其中，覆盖生命科学与健康、商业、文化艺术等领域，合作机构包括政府部门、教育机构、智库、慈善机构和企业等。

第四个例子，是我以前跟同事创立的所罗门教育，我们推出 Project M2，这是一个财商和品格教育项目。讲金钱是什么、如何用好金钱，但我们的目的不只是赚钱。我们希望以 5P 为设计理念，用游戏的方法，激发学生的热情。多元化学习平台包括教育动画短片、在线情景学习课程、课堂活动教案与讨论指引、家长指引、工作坊等不同资源。

我们的目标是让学生懂得金钱的道跟术。金钱的术包括理财技巧，如何赚钱，各种投资方法，创业要注意的事项，如何挑选工种，如何省钱，要有良好的开支习惯等。我们制作了一个动画片，讲的是在消费的时候，思考这项消费究竟是你想要的，还是你必要的。除了教学生们赚钱、省钱外，还有风险管理、网络安全防护、庞氏骗局辨识、信用风险管理等等。除了懂金钱的术，更重要的是要懂金钱的道。金钱可以减少你的不快乐，但这不等于说，更多的金钱会带给你更多的快乐。相关研究发现，你是不是在做有意义的事，跟别人的关系怎样，能不能被别人认可，是否有个人的成长，等等，这些才是决定你是否快乐的因素。我们也会教学生们传承，不只是把金钱传给下一代，更体现在把好的价值观代代传承下去，用财富推动社会发展，成就不同的人。我们希望从幼教到高中，甚至到大学，去推动财商教育和品德教育。

Project M2 以 5P 体验式学习模式为框架，通过不同的活动培养学生的财商。

所罗门教育成立两年了，在香港，参与常规课程的学校超过 40 所，参与理财探索营的学校超过 900 所，参与的教师超过 1000 人。我们问过学生，86% 的学生认为非常有收获，98% 的学生认为提升了财商。课后调查数据显示，有65% 的人形成了正确的金钱观。

以上的例子说明，体验学习在香港呈现出百花齐放的繁荣景象。程介明跟我说过，香港的每一所学校平均有超过 10 个人参与过体验式学习。在 2019 年的时候，我们请香港政策研究所做了一项追踪研究，了解体验学习对学生的影响。他们发现，体验学习给学生情意及社交表现带来了正面影响，积极参与体验学习活动的受访学生，在人文价值、动机及人际关系方面的表现都受到明显的正面影响。体验学习活动提升未来就业力，学生在解决问题的能力、诚信水平及创业倾向等方面有显著的提升。对基层家庭出身的学生在情意发展和社交表现方面有明显的正面影响，主要在提升学习素养、明确人生目标、传承企业精神、形成 STEM 学习心态、彰显人文价值和催生人文动机上，有很好的效果。

陈佩英

台湾师范大学教育研究与创新中心主任

教育的永续叙事：台湾经验

很荣幸接受邀请参与第五届世界教育前沿论坛。我今天演讲的题目是《教育的永续叙事：台湾经验》。

世界在二战后强调线性经济发展，到了 20 世纪七八十年代，转向强调人类幸福和福祉的发展，也包括对环境的保护。台湾的环保工作在 1990 年就启动了。1997 年台湾成立了永续发展委员会，下设 8 个工作分组，隔年又分成 11 个工作分组，主要承揽有利于经济发展、社会发展、环境保护等方面的业务。进入 2000 年，台湾持续关注永续发展，提出两大体系和六大领域，包括环境污染、生态资源、社会压力、经济压力、永续发展等。之后又制定了一些指标，评估推动环保的成果，包括台湾永续发展的策略、纲领；建立生物多样性的资料库，助力永续发展教育；发挥民间团体作用，促进各领域合作，推动实现永续发展愿景。

以永续社会来说，有公平正义、民间参与、社会发展、人口健康等。到了 2015 年，联合国永续发展目标公布以后，台湾规划了一些永续推动的策略，纳入了碳中和概念。其中包括推动大学社会责任实践，跟永续发展目标相结合，还设立了永续发展奖，鼓励学校、科研机构和民间团体对永续的投入。2020 年遇到了疫情，更强调加速发展、零碳排放等，实现永续发展目标成了我们的全台运动。

台湾将联合国永续发展目标的架构，分成工作圈、工作组等等。需要强调的是，除了这 17 个目标外，我们又多了 1 个目标，即第 18 个目标——非核家园。

永续目标 1 和永续目标 4，通常会定 KPI（关键绩效指标），有一个目标值，会评估一下成果。对于目标 4 来说，共有这些 KPI 值：学生在完成基础教育时，在 PISA（国际学生评估项目）上要达到什么目标；从学生阅读素养、数学素养达标的比例，再看往年的比例，就会知道进步了多少；还有 2 岁以内幼儿公托的情况；我们评估现在的发展状况，以及未来要改善的措施是什么。

所谓的自愿检测报告，以伙伴关系作为重点发展策略，包含了国际参与、人道救援、技术援助、净水卫生、教育、医疗合作等等。它跟其他永续发展目标也有密切的关系。

第一，介绍一下教育。环保和教育实施了 30 年，比较明显的是 2008 年，永续会设立了教育宣导组，台湾教育部门负责人担任召集人。在 2009 年的时候，强调推广永续发展教育，早期以环境教育为主轴，通常提到自然灾害、气候变迁，也指通过生态管理，把节能减碳带入校园。2012 年，特别提出了永续校园计划，跟民间团体合作，去推永续发展的专业学习教育等等。有一些地方，也把自然教育纳入其中。

联合国永续发展目标已经提出了，无论是高等教育还是中小学教育，都应该积极把 SDGs（永续发展目标）纳入课程教学。台湾在 2019 年推出永续发展教育手册，学校和老师可以将 SDGs 融入课程和教学。

看一下高等教育。第一期是五年，从 2018 年到 2022 年，第一期有 156 个院校参与。计划的主要目的是为了建立大学的自我定位与发展特色，其中重点包含对未来挑战的准备。这个高等教育深耕计划，分为主策和副策。主策有四大策略：落实教育创新、提升教学品质、协助大学发展学校特色、提升高教的公共性和社会责任。跟 SDGs 有关系的是善尽社会责任。

在台湾师范大学第一期的计划里，我们把 SDGs 的第 3、第 4、第 6、第 17 个目标纳入计划。从第 4 个目标"优质教育"来看，包含英语和阅读的学程，还有特教的加入，还有科学教育。我们甚至还设置了学分、学程，以此彰显提升浸入式教育的决心。

第二，介绍一下大学议题导向里的叙事力培育计划。这个计划是大学的课程创新与改革计划，把 SDGs 融入课程教学。我们可以看到这个办公室的组织和计划类型，因此有一个叙事力课程的发展。另外是大学教师社群，在教学研究、课程发展上，会有更多的着力点。计划的重点包含联合国永续发展目标、跨领域课程设计、未来思考与设计和多元叙事力培养。我们可以看到大学在院系课程上，大力支持 SDGs 融入课程教学和学生的学习。

再看一下高中阶段，我们有"108 课纲"，这个课纲跟传统的课纲大不一样，它跨领域，强调探究式自主学习，注重学生真实能力的提升。2016 年，我们就开始了跨领域课程设计。将 SDGs 列入课程，包括怎样提出核心问题、不同类型的问题以及课程设计。

我们的前导学习计划，把议题融入重点计划发展。可以看到，这跟永续发展目标很有关系。这里要强调一下全球公民素养和 SDGs 的关系。目前，台湾高中参加"高优计划"的有 251 所，占全台高中的七成，再传入其他学校，是一种区域协助的策略。

我们的"高优计划"已经实施 15 年了。去年 10 月份，我们举办了"高优计划" 15 年的分享会和研讨会，收录了很多高中课程，里面有很多课程跟 SDGs 有多重关联。

我们有中小学数位学习深耕计划。这个计划的主轴是推广 STEAM 教育，同时以 SDGs 项目作为跨领域课程的主题教案。自启动这个计划后，在 2018 年到 2022 年这 5 年间，学校共推出了 156 套课程、55 个模组和 4 000 种教材。从学校参与的状况来看，中小学非常积极，努力将 SDGs 融入学校的课程教学和学生的学习中。

那个永续发展教育手册，除了介绍每一个目标的内涵，还有知识面、态度面、技能面的指标，以帮助教师在设计课程时，寻找合适的教材、合适的教学活动，以融入的方式去重视永续的价值与概念。

2000 年之前，台湾就提倡环保。2000 年之后，尤其是 2015 年之后，我们就发现有跨部门协作。同时结合民间组织的力量，把永续变成未来政治经济、社会发展的重点，也变成我们生活方式的选择。可以看到过去由发展经济挂帅，现在走向全面的观照。过去的环保政策有一些焦点关注，有一些政策措施的介入，转向社会参与式的设计，鼓励民间参与，也鼓励教育的多元创新。

政策由上而下制定，借助计划资源投入，再搭配由下而上的行动方案与创新实验，去影响各个单位的发展。经过中间传导层的设计，形成跨系统、跨组织的协作，由此创造绿色价值。以前导学校为例，我们有八大主题，它跟 SDGs 很有关系。其中有核心小组，是由一些大学教授组成的领导组织，通过一些区域协作的方式，去带动前导学校，再由前导学校去影响其他学校。在这个过程中，我们用政策引导的方式，使得每个主题都有适合它的目标和策略。我们希望，通过跨区的高中组织形成水平连接的方式。所以更多的实验行动和创新行动可以发生，就变成了参与式的社会、组织性的设计。

提一下八大主题，跨区的学校协作时，我们提到了开放协调机制。我们看大学生的计划也好，看别的计划也好，就会发现需要透过不同组织单位的合作方式，形成不同的群体，在各个群体之间有一些弱连接或强连接，共同去发展目标。这是共同性的学习，我们称之为政策学习。经过同行的相互交流，更确立了目标导向的网络治理或创新治理的行动和模式。

SDGs 从企业民间组织到政府单位，大家透过不同的社群，通过目标性的导引，做一些焦点的探寻。无论由上而下，还是由下而上，均是一种网络互动的模式。最重要的是要找到需要解决的问题，而且它能影响未来，去进行挑战。过去的目标、原则、技术，朝向是改善模式。如何导向未来呢？把它变成一个破坏性的创新，还有很多项目需要设立。

对一个价值理念认同，由它再转化成可以实施的目标措施、原则和工具、技术社群等等，以实践推动变革，冲破重重藩篱，从而带出适合未来生活和能够巩固制度的创新发展。SDGs 虽然只是一个议题或主题，我们看到它的确是串联了很多不同的规定，以及由这些规定转化成的方法和路径。

希望台湾的经验和 SDGs 的发展，可以给大家一些参照，谢谢大家！

黄英琦

香港教育燃新主席

香港体验学习案例分享

大家好，我是教育燃新主席黄英琦。教育燃新是一家非营利性的香港慈善机构，近年的工作集中于"给力"教师的发展，提升教师的创变能力，让他们能更有效地回应学生的需要。我们的重点项目是教师的能力建设，在香港赛马会慈善信托基金支持的"创新教师伙伴计划"里，我们设计了教师的退修营，让他们在香港及海外参与不同的学习体验及考察，然后孵化创新的点子带回学校，推动学校小步子的改变。

回望疫情中过去的三年，我们的感觉是香港的教师了不起，教师们要在疫情中保持教学进度，创新网课内容，并推动多元的体验学习。学校重视坚韧力培养及学生的身心需要，提升学生的幸福感，并尽力缩减由于社会经济地位带来的学习差距。今天来的三位教师就是怀着这样的初心，在逆境中创新的。

教育燃新署理首席执行官石嘉俊：2023 年，学校回归实体（教学）状态，这让教育创新多了可能性。那学校又如何回应可持续发展，拓宽学生想象的边界呢？围绕体验学习，我们在这里提供了三个例子，请各位指教。

先由香港仁济医院罗陈楚思小学的张卓贤老师介绍他们学校的生态园，然后由香港天主教慈幼会伍少梅中学的李建文校长介绍他们学校的希耆乐龄科技应用学习中心，最后由香港圣文德天主教小学的李国钊校长介绍他们学校的"童创百货"。

张卓贤：大家好，我是仁济医院罗陈楚思小学的教师张卓贤，很高兴可以为大家介绍我校的生态教育。我校有一个生态园，这是为师生提供的一个特别的学习场所。为了实践可持续发展理念，生态园内的配套设施都是由本校师生一手建设的。我们将二手家具和废物重新改造，让学生们明白在发展的同时，也要尽力减少对环境的破坏，例如生态园的门牌就是来自台风吹袭后的倒塌树木。生态园内有不同的动植物，可以让学生认识自然生态，可以为教师提供教学素材。

我们设置了"楚思生态园大使"课程，让学生在学习知识和技能的同时，照顾园内的动植物，了解它们的需要，从而建立同理心。当学生在发现动植物们的需要后，会想办法解决问题。例如，有的学生在种植时发现虫害，知道香草有驱虫的效果，就建议老师建造一个香草区；有的学生在照顾爬行动物时，发现原来的环境不太适合它们，就和老师一起建造了一个爬虫室。此外，不同科目的任课老师也会到生态园上课，常识科的老师会带领学生到生态园学习植物的分类、观察蝴蝶的变态过程；中文科的老师会带领学生到生态园寻找写作灵感。低年级的学生会观察生态园中的爬行动物，然后描述它们的外形特征；高年级的学生则会游览生态园，然后写游记。美术科的学生会到园内写生，进行艺术创作；科技科的学生会利用科技解决生态园中的实际问题。生态园将不同的科目连接在一起，也让学习变得更有趣味。

生态园是一个学习生态的地方，它让学生明白什么是可持续发展，让学生走出教室，让理念得以实践。生态园更是一个展示生命力的场所，它让学生明白要尊重地球上每一个自然生命。谢谢大家！

李建文：大家好，我是天主教慈幼会伍少梅中学的校长李建文。我校是一所由香港政府资助的男校。本校学生喜欢科技，懂得关爱身边的人，我们希望发挥学生的强项，将本校建成一所面向未来的学校。本校在 2022 年成立了"希耆乐龄科技应用学习中心（Gerontech Park）"（以下简称"希耆"），通过实施校本 STEAM 教育计划，让学生关爱社区、关爱长者。"希耆"是一个为长者和学生彼此带来希望的地方。我校的学生很多都来自基层家庭，我们希望学生能够了解及关心长者的需要，并通过学习与 STEAM 相关的知识和技能，改善长者的生活质量，为他们排解日常生活中遇到的困难。

本校通过实境式学习模式，创设长者生活模拟体验区；利用互联网设备，让教学环境成为实境学习的一个个场景。所有这些，除了有助于了解长者在日常生活中遇到的困难，还可以促进学生跟长者一起设计产品和解决问题。这些学习的体验呼应联合国可持续发展的目标：每一个人都应该拥有健康的生活和幸福感，每一个人都应该有接受优质教育的权利。随着"希耆"的落成，本校将进一步实现未来校园、社区校园和幸福校园的目标，期望日后能开放校园给社区举行体验活动，回馈社区，拉近学校与社区的距离。推动"希耆"的发展不是一朝一夕的事，我们相信只要携起手来，从当下做起，学生就能享受丰硕的成果，就能真正享受学习的乐趣，掌握 21 世纪的学习技能。

李国钊： 大家好，我是圣文德天主教小学的校长李国钊，今天很高兴有机会为大家介绍我校的"童创百货"。"童创百货"是我校 BEST 课程的延伸。过去三年，全世界都受到新冠疫情的影响，学生在学习自信、社交和人际关系方面都面临着种种困难。此课程就是以情绪教育作为基础，通过跨学科的课程创新，为学生提供体验学习的机会，从而使他们树立正向价值观。我们的课程有两大特色：

第一，践行设计思维理念，让学生有大量动手的机会。比如，学生需要到不同的社区了解居民的困难，然后尝试为他们寻找解决办法。在这个过程中，学生能够运用不同学科的知识、技能，真正做到学以致用。

第二，保持创新，把学习留给学生。BEST 课程每年都是不一样的，从游戏设计、改良中国传统玩具、设计口罩到给老人做饭等等。我们重视学生的需要，也尊重他们的创意，所以创建了"童创百货"项目。"童创百货"是一所由学生经营的"百货公司"，与生涯规划有紧密的联系。五年级的学生们按照自己的性格特点和兴趣，选择加入"公司"不同的"部门"，包括"生产部""销售部"等。学生无论进入哪个"部门"，都需要了解别人的需求，这正是与同理心的培养息息相关的。如何与组员分工合作去完成不同的任务，更需要良好的沟通能力、协作能力。

令我们惊喜的是，学生们主动提出以虚拟货币代替真实的货币，现在已经发展到全校学生先以良好行为赢得"代币"，再通过"童创百货"兑换成小礼物，这充分体现出学生们的创新精神。学生们在这个过程中也慢慢掌握了 21 世纪需要的软技能。此外，这门课程也参考了联合国教科文组织 17 个可持续发展目标中的 3 个，即良好健康福祉、优质教育，以及我个人认为最重要的可持续城市和社区。

这门课程能让学生尽情发挥他们自身的性格优势，展现出互相尊重、愿意包容和承担的良好形象，对创造一个和谐共融的学习环境有着很大的帮助。这门课程已经成为我校常规课程的一部分，希望今后有更多的机会能够带领我们的学生走进不同的社区，多了解世界，多关爱他人。谢谢大家！

黄英琦：谢谢三位老师。从三位老师的讲述中，我们发现仁济医院罗陈楚思小学的生态园不需要花费太多的金钱，它是由师生合作建设起来的，他们把废物重新利用。张老师也鼓励学生寻找解决方案，可见知识不一定都得靠老师来提供。在城市化的香港，生态园是一个颇具启发性的课堂，比如中文科的老师可以让学生们去那里寻找写作灵感。

李建文校长的愿望很简单，他希望为被边缘化（能力较弱）的基层家庭出身的学生带来希望及出路。这些学生未必能够在香港高考中取得好的成绩，但校长也要确保他们掌握前沿的知识与科技，以改善长者的生活品质，服务社会。

而李国钊校长理解到未来的世界，需要更多具有同理心的创业者，从跨学科的体验学习，到自行发明了"童创百货"，让五年级的学生分属"公司"不同的"部门"，还研发了一种配合学校奖励计划的虚拟货币，实在精彩。

石嘉俊：对，在刚刚这三个例子当中，仁济医院罗陈楚思小学和圣文德天主教小学的创新之旅，教育燃新有幸参与了。我们感到高兴的同时，也在想：这样的校本创新怎样能持续发展？让学校跟学生能回应世界可持续发展的大议题，加强体验学习；让学生能拥有更好的价值与共通能力，回应多变的未来。一个想法就是开展跨界协作。

世界变了，对人才的需求也不一样了，那教育也要随之改变。学校很难独自做好人才培育，需要社会跨界协同，牵引出学生的多元人生目标。我们也希望把这些创新理念累积下来，影响教育界跟跨界的有心人。请各位继续多多指教，一起为我们的下一代点燃希望。

宋雅丽

张家口市桥西区长青路小学校长

生态文明特色教育探索

尊敬的各位专家、教育同仁：

大家下午好！

很荣幸能够参加第五届世界教育前沿论坛与大家交流学习，很高兴能以这样的形式与大家共同探讨新时代生态文明教育新模式。习近平总书记在党的二十大报告中指出，"尊重自然、顺应自然、保护自然，是全面建设社会主义现代化国家的内在要求"。在中国式现代化新征程上，生态文明教育的重要性和紧迫性日益凸显。

长青路小学已在探索生态文明特色教育的道路上走了 30 多年。下面，我将从推进生态文明教育体系化、序列化、课程化、活动化、示范化 5 个方面向大家汇报。

第一方面，立足学校文化，推进生态文明教育体系化。

长青路小学以"崇德则长，励学而青"为校训，以生态文明教育为特色，确立了学校的"长青"文化主题：

一是德育长青，有效构建多维渗透、全员参与的大德育运行格局，从而丰富德育内涵，拓宽德育渠道；

二是智育长青，我们与北京师范大学联合开展"全科阅读"项目研究，以阅读是所有学科的基础架起各学科之间的桥梁，激发和增强学生的学习力以及未来的生存力；

三是特色长青，我们坚持把生态文明教育作为办学特色，将德育长青和智育长青并融，深入开展教育活动，丰富学校特色文化内涵。

第二方面，结合成长规律，推进生态文明教育序列化。

我们从教育的整体性出发，形成由浅入深、由低到高、横向贯通、纵向衔接、分层递进的生态文明教育目标，各年级梯度实施。

低年级学生在学中"认"，通过认识身边常见的环境元素等开展认知活动；中年级学生在学中"研"，以日常学习与生活环境为题材，让学生发现生活中的环境保护问题；高年级学生在学中"悟"，让他们融入大自然，去领悟万物的情感与心愿，尽可能地解决环保问题。

这种渐进式的生态文明教育，产生了突出的教育效果。

第三方面，夯实课堂教学，推进生态文明教育课程化。

生态文明教育课程化就是将目标体系、内容体系、实施方式、组织保障等，以课程方式加以构建。

一是以校本教材为基础。2010年，学校开设环境教育校本课程，组织有关教师编写了校本教材——《环境教育读本》，此教材分"观察与交流""阅读与思考"等八个板块。

二是以学校课程为载体。学校每周设置一节由专职教师任教的环境教育课，以课堂教学为主渠道，通过绿色讲台、绿色行动、绿色生活等方式全面实施生态文明教育。例如，2022年线上教学期间，针对市区居民用水量过多的实际情况，学校组织五、六年级学生开展"节水在我身边"主题研究性学习活动。教师们以校本教材为基础，以"节水"为主题，进行专题教学，他们深入浅出，潜移默化，润物无声，充分挖掘了环境教育课程的内在意义与价值。

三是以社会课程为延伸。学校依托校本课程，以实践体验为载体，从社会问题出发进行社会课程延伸。以刚刚提到的"节水在我身边"为例，设置了"制定问卷—问卷调查—问题整理—调查统计—形成报告"的课堂教学模式，和"阅读分析—观察探究—实验比较—梳理方法—宣传展示"的课后延伸模式，深度发现问题，切实解决问题。使学生在学校课程中受益，在社会课程中成长。

第四方面，丰富内容形式，推进生态文明教育活动化。

为了让每个孩子在校六年期间能够投入与其身心成长相宜的活动，依据生态文明教育的要求，我们实施了"三三三"工程（即采用三种方式，搭建三个平台，实现三个目标），"采用三种方式是指深入体验生活、艺术展示个性、创造挖掘潜能，搭建三个平台是指落实常规活动、丰富主题活动、拓展节日活动，实现三个目标是指环保、低碳发展、和谐发展"。以下是近年来学校推进"生态文明教育"实施，丰富其内涵的基本做法：

一是落实常规活动。学校把生态文明教育作为素质教育的重要组成部分，利用家长开放日、周末休息日开展"节能有我，绿色共享"系列常规活动，规范学生及家长行为，增强环保意识。

二是丰富主题活动。通过各类主题活动的开展，让学生自觉践行文明行为，真正达到"教育一个孩子，带动一个家庭，影响整个社会"的目的。例如，2019 年 5 月，针对媒体集中报道的市区街头布景花卉被路人"顺手牵羊"事件，我校师生在文化广场开展"创城心系你我他，爱花护花靠大家"主题系列活动。在活动中，我校师生以宣读倡议书、文艺演出、赠送书签、设立监督岗、种花、补花等形式向市民宣传环境保护知识，增强了市民爱花、护花的意识，增强了社会互动感和活动体验感。此次活动源于社会、回报社会，引起强烈反响。多所小学积极响应，引导学生争做"护花使者"，大中学生、社区居民等踊跃加入爱花护花行动中。张家口电视台、张家口日报、张家口晚报等多家媒体共进行了 10 余次专题追踪报道。

三是拓展节日活动。结合生态环境相关节日开展活动，如开展"3·12 植树节""3·23 世界气象日""4·22 地球日""6·5 世界环境日"等活动，使学生们在节日里增长环保知识，强化环保意识。

第五方面，加强宣传推广，促进生态文明教育示范化。

经过多年研究和探索，长青路小学交出了生态文明教育的优异答卷，也获得了多项荣誉称号。2019 年 1 月，本人作为河北省的代表在第六届全国环境教育年会上做经验分享，真正使学校的生态文明教育工作在全国范围内起到了引领和示范作用。

林梅珠

中华基督教会谭李丽芬纪念中学中文科主任

"1.5 公里体验学习圈"策略分享

感谢大家让我有机会分享我校"1.5 公里体验学习圈"策略。

不久前，也就是 2022 年 11 月份的时候，我校的"1.5 公里体验学习圈"获得香港教育局推荐，参与了基础教育国家级教学成果评选。评审专家评价本策略时说，"1.5 公里体验学习圈"，成功解决当前基础教育教学过程中的实际问题，为教育改革实践的重大突破，对业界人士有很高的参考价值。

什么是"1.5 公里体验学习圈"呢？它是一个以本校为中心波及社区的体验学习策略。在学校方圆 1.5 公里范围之内，寻找合适的社区资源和议题，邀请社区人士及组织与学生一同学习。在学习过程中，学生走进社区，与不同的社区人士建立联系，探索各种复杂问题的解决方法。简而言之，就是以本校为中心，涉及 1.5 公里范围内的学习空间。包括学校两旁的屯门高速公路的空气问题，以及屯门河河水污染的问题，还有恒常探访等与社区有紧密关系的学习活动。

"1.5 公里体验学习圈"，可以应用三重框架去理解。

第一重，在课程中加入社区元素。在课程教学中，从社区寻找议题，让学生探索，或在社区寻找资源。比如，进行水质检测前期，安排学生走出课堂，以发现社区问题。又如，就人口老龄化的议题，我们邀请了社区的长者到学校来分享。这是有关社区议题的教学，强调的是知识的向度。

元宇宙·永续性·积极心理：教育之未来？

第二重，与社区组织建立起紧密的合作关系。大家共同参与课程设计及课堂活动，为学生持续提供体验学习的机会，同时我们也开放校园，给社区的组织举办各类活动。例如，我们学校连续 3 年开放校园给健康空气行动组织举办空气监测活动。这是重视亲身体验，强调的是进入社区的向度。

第三重，组织学生为社区服务。我们利用科目特色及优势，组织学生开展不同类型的社区服务活动，让社区人士参与，让学生贡献所长。例如，本校有一个设立超过 6 年的社区中心，为区内人士提供不同类型的班组活动，比如家具维修关爱义工队。这是重视回应社区需要，强调为社会贡献的向度。

"1.5 公里体验学习圈"结合认知、体验，研发解决方案。在长幼共融方面，我们举办了家具维修班、乐龄科技培训班等等；在可持续发展方面，我们打造了鱼菜共生系统，举办了蚯蚓与减碳工作坊等等；在文化传承方面，我们举办了书法班，开展了新诗写力量活动等等。

我们利用 1.5 公里学习圈的资源，以学校为中心进行体验学习，通过学校重新定位，并借助社区力量，给学生和社区人士均带来裨益。

总而言之，社区学校始终保持与社区紧密联系，互惠互利，以提高学校教学水平和学生成绩。学校与社区的密切合作，旨在提高学生的社交能力和公民能力，从而提高学生素质。并通过社区、学校等多方协作，使大家都获得极大益处。

我们相信每一所学校都有能力踏出一步，以学校作为中心去思考，为社区去出力。相信每一所学校都关心自己周边社区，都愿意帮助社区处理问题。多方合力，就可以解决一座城市乃至一个国家的问题。

朱肇维

台湾新北市立北大高级中学教务主任

鸢山侠客行　染绘碧茶乡

我是台湾新北市立北大高级中学教务主任朱肇维，很高兴能够在今天这个盛会，与各位分享本校在永续课程发展上的努力。以下我将介绍我校"鸢山侠客行　染绘碧茶乡"课程。

万事起头难，重点是要跨出第一步。我们多久没有停下脚步，感受土地的脉动与温度？是的，这就是我们开发这套课程的原因。然而课程的开发并不是一帆风顺的，也遇到过很多问题与拦阻。开心的是，我们有一群好伙伴，大家共同推动了这门课程的发展。

我们一起上山下海，目的就是希望能够把当地的美好带给学生。正因为如此，我们设计了素养导向的课程，带着学生探索人与环境的互动与变迁。针对发展目标，在知识层面，让学生从所在地出发，进一步具备全球视野，并能够发现所在地与全球之间的关联性；在技能层面，我们期待通过大量的实践体验，丰富学生的感受，结合学生的创意进行转化；在态度层面，结合老师们所提供的框架，让学生进行学习，通过小组团队共创，推出属于学生的特色作品。

而在课程引导模式中，我们采用的是 PBL（项目式学习）课程设计，从定义问题、拟定策略、具体实践到反思回馈，不断进行循环式的学习。为了给学生提供有效的学习情境，我们打造了一些沉浸式体验的项目。

在课程学习的三个阶段，我们从当地故事记录出发，结合对产业的深度探究，最终提升了地方创生的实践效果。这里是"茶乡漫步"单元，我们结合SDGs的第4、8、11、15和18个目标，希望学生们不仅能看到产业在当地的发展状况，而且还能预测它在全球的发展趋势。

在"侠客探索趣"部分，让学生们在探索中收获乐趣。在游戏设计中，学生们结合LIEN（即时通信软件）平台，总结属于他们的独一无二的游戏经验。并且我们结合了VR（虚拟现实）全景导览，让学生们借由数位工具，体验当地特色。

在"侠客好茶道"部分，从文本阅读到采茶、制茶体验，感官品评，让学生们感受茶文化的多元与丰富。学生们通过文本，分享世界各国的茶文化，也通过实际进入茶区进行采茶、制茶体验，从采摘、杀青到烘干，体验制作碧螺春的过程。结合茶道老师的教学，学生分组进行茶道演示。

我们结合客家茶、抹茶、英式茶的冲泡过程，让学生体验不同茶的特色。以大数据为支撑，通过控制茶叶的投放克数、冲泡时间、冲泡温度这三个变量，让学生实验，找出最佳的泡茶模式。学生们发现，原来喝茶也是有讲究的。

我们邀请当地的制茶大师黄先生来学校，请他分享过去几十年的制茶经验，并且请他带领学生们在校园里种茶。

在"侠客茶创生"部分，我们带领学生们进入地方茶行，与制茶人进行深度访谈。我们带领学生与其他地区的人们一同分享台湾的特色茶文化，进行茶文创商品的设计。

我们还参与了三峡绿茶季推广行动。在"蓝染生活"部分，我们进行了课程设计。我们带领学生从素染开始，感受植物染料所呈现出的色彩。学生们一方面认识了校园里的植物，另一方面通过蓝染让颜色保留了下来。我们以蓝染作为主题，写出专题报告，让学生们通过对关键字的搜索，进行更完整的理解，并且以不同的方式呈现出来。

我们带领学生体验对染缸进行观察和养护。这里结合了生活缝纫课，最终让学生打版，设计出自己的蓝染作品，整个过程学生们非常投入。通过科学实验，以科学方法探索染色不同的原因。学生们在化学实验室里通过不同的酶染剂技术测试，记录染色的情况。

学生们取得的成果，就是我们推动课程继续向前的动力。我们带领学生们走访三峡的茶乡，共同绘制茶乡地图，并且针对地方茶进行记录和介绍。最终这张地图成了当地农会的官方文宣品，学生们努力的成果获得了肯定。我们将地图转换成数位图，结合 GIS（地理信息系统）平台，让这张数位导览图呈现出更加多样化的流程设计。

另外，我们也让学生们进行三峡茶的文创设计，无论是特色茶包、茶乡地图的拼图、特色茶的明信片、营销海报和微广告，都是学生们的创意作品。

我们将当地的好茶开发成绿茶限量产品，获得了茶客的一致好评。我们的设计复古简约，加上咖啡滤挂包的形式，未来会发展成茶包 DIY（自己动手制作）的流程。

课程问卷调查中，学生们对课程的评价非常高，认为自身能力有大幅提升。学生们在制作的学习历程档案里面提到，这门课程能让他们用心去感受自己所生活的土地。

在对未来课程的展望中，我们做一下回顾。

首先，教师们结合新北市的 5 所学校针对地方特色课程的探究，一起发布了双语课程手册。我们的设计都是从寻访当地出发，一起感受当地文化的温度，然后将全球观点转化成当地行动实践。这本手册里介绍了很多人，期待学生们能够与国际友人一道认知当地，并且共同行动。

其次，我们将课程先后在重要刊物上分享，荣获了相关奖项，也得到了不少鼓励。更开心的是，我们获得了新北市教学卓越奖，获得了高中优质化课程与教学新方案的甄选特优。2022 年，我们参与了联发科技股份有限公司的数位社会创新竞赛，获得了落地支持。这样，我们在推广茶乡方面就获得了持续性肯定。我们带领学生参与第三届三星创意提案竞赛，最终获得了第三名。学生们发现茶农的困境与问题，提出安装 AI（人工智能）辨识系统的建议，希望能够协助当地茶农选择一个最佳采摘茶叶的时机点。

最后，我们创立了三生创生连接会，希望通过实体交流，在凝聚各方共识的基础上形成合力。作为高中优质化前导学校，我校的发展重点就是地方新视界、创生耀未来。

7 年的课程淬炼，从青涩到熟稔，从懵懂到专精。这不仅是学生的求学之旅，也是教师的成长之旅。我们期待这套课程能永续发展下去。

元宇宙与教育

尚俊杰

北京大学教育学院原副院长

中国教育技术协会教育游戏专委会理事长

元宇宙与教育：本质、价值及未来发展

我以前一直在做教育游戏研究，而教育游戏跟元宇宙有很大的关系。所以接下来我首先谈谈元宇宙与教育的本质、价值和未来发展，算是这个环节的抛砖引玉。

在这个报告中，我主要讲四个话题：元宇宙的本质和特征；元宇宙教育应用的价值；元宇宙对教育会产生颠覆性影响吗？未来推动教育元宇宙应用的发展思路。

一、元宇宙的本质和特征

元宇宙到底是什么？我们先来看一下元宇宙的起源。

1984 年，加拿大科幻小说家威廉·吉布森在《神经漫游者》一书中提出了"网络空间"的概念，意思是人的大脑和电脑直接相连，最后有一部分人不需要肉体了，思想进入了电脑，得到了永生。当然，这是一部科幻小说。

1992 年，尼尔·斯蒂芬森在科幻小说《雪崩》中写到，未来世界人类通过虚拟设备彼此相连，人类生活在虚拟空间。

到了 2003 年，林登实验室推出了大型多人在线虚拟环境"第二人生"。我们可以进去，在这个环境中社交、购物、建造房屋、经商等等，好像到了另外一个世界，可以过另外一种人生。很多企业也真的进去了，一个中国女孩子还在这里建房子、卖房子，挣了百万"真金白银"。从这个场景，就可以想到 2022 年很多人在元宇宙中买地，希望发财，跟当年基本相似。当然"第二人生"后来进入了低潮期。它火了一下，就进入了低潮期，现在又火起来了。它经历了一个曲折上升的过程。

通过之前的描述，我们知道元宇宙不是一个新概念，从虚拟世界到 VR（虚拟现实）/AR（增强现实），再到元宇宙，是一脉相承的。在这样一个曲折上升的过程中，确实诞生了一些受欢迎的元宇宙空间，像 Second Life（第二人生）、Minecraft（我的世界）、Rolbox（罗布乐思）等。元宇宙对人类的未来到底会产生怎样的影响呢？人类一步步站起来，再一点点趴下去；人类抱着笔记本，逐渐变成半透明状。此时人类的肉身还在，但很多东西已经在电脑中了。最后，人类会不会变成全透明的呢？会不会像科幻小说中讲的那样，不需要肉身，直接在虚拟世界里得到永生了呢？到目前为止，我们还不知道。常言说得好："知识改变命运。"虚拟世界会不会改变一切呢？

通过以上梳理，我们就可以看到元宇宙的本质，就是与现实世界交叉融通的数字化交互环境。它可以分为狭义上的元宇宙和广义上的元宇宙。狭义上的元宇宙，是指基于 VR/AR、人工智能等技术，实现可以让人身临其境的虚拟世界；广义上的元宇宙，是指涵盖数字世界的所有概念，从当前的互联网到未来虚实融合的数字化世界。

对于元宇宙的特征，有人总结了五点：数字世界与物理世界相融合；数字经济与实体经济相融合；数字生活与社会生活相融合；数字资产与实物资产相融合；数字身份与现实身份相融合。大家应该意识到，数字 ID（身份）越来越重要了。

二、元宇宙在教育中有什么价值

从科技史来看，元宇宙是人类通过互联网在真实世界的基础上创造出的一个前所未有的虚拟世界，它极大地拓展了人类的活动空间。元宇宙技术有助于实现真实世界与虚拟世界的无缝衔接，给教育变革带来无限可能。

应用一：更具临场感的学习环境。临场感指的是人们利用媒体进行沟通过程中，一个人被视为"真实的人"的程度及与他人联系的感知程度。比如今天的会议，大家听我做报告，跟在现场听报告，到底有什么差异呢？是不是没有现场的感觉好呢？这种缺失的感觉就是临场感。而虚拟技术可以让我们有更好的临场感，比如戴上 VR 头盔，顷刻间便好像真的到了海边旅游，从而对大海有了更深刻的体会。

应用二：更具体验感的学习环境。之前像一些事件、微观世界，我们没有办法去感受，现在通过虚拟技术，可以去体验，去观察。

应用三：创造混合现实学习环境。现在，在课堂上我们给学生们讲到什么，就可以活灵活现地呈现出来。这种情况在过去只能用图片和录像资料展示。如果借助 AR 和 VR 实现混合现实，讲到恐龙，教室里立刻就会出现一只恐龙，还可以和学生们进行互动。这样的学习环境，甚至连我们都想回到课堂。

应用四：创建更真实的学习环境。医学院现在用模拟解剖代替真实解剖。真实世界和虚拟世界不断融合，在虚拟世界解决问题的方法就是未来在真实世界解决问题的方法，基本就是看屏幕、点鼠标。如果模拟做得好，医生甚至分辨不出旁边是真病人还是假病人。

元宇宙对教育教学有什么影响呢？或许可以将元宇宙定义成教育信息化的高级阶段。教育信息化，就是把信息技术运用在教育中，我们大体经过以下几个阶段：最早是电化教育阶段，之后是计算机辅助教学阶段，现在是教育信息化、教育数字化、教育现代化阶段。我认为元宇宙或许可以看作教育信息化的更高阶段。

三、元宇宙对教育会产生颠覆性影响吗？

首先理解一下什么叫颠覆性技术或破坏性技术。哈佛大学克莱顿·克里斯坦森在 20 世纪 90 年代提出了"破坏性创新"理论，创新有两种方式：一种是延续性创新，比如把胶卷做得越来越好；一种是破坏性创新，比如不用胶卷了，用数码相机照相。

在延续性创新阶段，大企业可以做得很好。比如柯达，可以把胶卷做得越来越好，越来越便宜。但到了破坏性创新阶段，大企业就搞不定了，不是缺人才就是缺技术。这是什么原因造成的呢？主要是因为主流客户不让主流企业做太冒险的事情。当时的数码相机质量特别差，老百姓说，不要这个破玩意，柯达只好继续生产胶卷。过了一段时间，大家发现数码相机也可以了，就不要胶卷，要数码相机了。柯达转过来再生产数码相机，已经很难成功了，因为老百姓已经深刻记住了，柯达是卖胶卷的，不是卖相机的。当然，"破坏性创新"理论比我刚才讲的要复杂。

2005 年，我看到的画面是这样的（视频展示）。2019 年，Second Life（一款在美国非常受欢迎的网络虚拟游戏）是这样的（视频展示），很多明星都进去买地了。这十几年下来，似乎还是停留在这个地步。因此有人讲，元宇宙技术可能还远未成熟。元宇宙能够给我们带来更好的环境体验，确实是好东西。我在想，如果能戴上 VR 眼镜，随时随地去世界各个地方看看的话，肯定是好事情。但现在许多技术壁垒还没完全突破，比如学生戴一会儿 VR 头盔会头晕，不可能让学生上课一直戴着它。所以 Facebook（脸书）创始人马克·扎克伯格在推元宇宙，但亏损得很厉害，说明相关技术还没有发展到非常成熟的地步。

看看颠覆性技术的特征，它的特点有几个：一是把昂贵的东西变便宜；二是把复杂的东西变简单；三是最初只能在一些新兴市场得到应用，因为质量差，主流市场不认可；四是逐渐得到应用并进入主流市场。

按照这几个特征去思考元宇宙，从长期来看，它应该属于颠覆性技术。如果真的成功了，以后看电视，不一定要像现在这样看了，戴着 VR 头盔好像在现场了。从短期来看，还有很多不确定因素，还需要比较长的时间来发展。

四、未来推动元宇宙教育应用的发展思路有哪些

（一）要重视元宇宙研究，谨防元宇宙神话

元宇宙不是教育的万能药，教育的基础建设还远远没有完善。而且教育是一个缓慢的过程，不要指望有某个技术能突然变革它。元宇宙给教育带来的变革，也是缓慢的。所以未来一段时间内，主旋律仍然是教育信息化。我们可以把元宇宙看作教育信息化的重要阶段或高级阶段。从当年的计算机教育变成互联网教育，变成教育大数据、游戏教育、虚拟现实、增强现实等。在不同的阶段，热点不太一样。科学技术驱动着人类社会不断向前发展。总的来说，我们以教育信息化推动教育现代化，就是为了实现教育的数字化转型。

（二）要加强教育元宇宙的顶层设计与长远规划

教育元宇宙可以看作是教育信息化的高级阶段和终极形态。当前我们要正确认识元宇宙发展前景和具体目标的辩证关系，要把教育元宇宙融入教育信息化的长远规划和顶层设计中，明确未来的发展目标和具体方案，为教育元宇宙的健康有序和可持续发展提供政策指导。

（三）要以教育新基建推动教育元宇宙发展

将教育元宇宙纳入教育数字化战略行动方案，加快推进教育专网建设，推动5G（第五代移动通信技术）、VR、AR、人工智能、区块链等技术的发展。只有推动教育基建，我们的元宇宙才可能真正发展起来。否则进去卡得很，没几个学生有兴趣进去。同时，需要构建多模态数字画像、智能学习交互、全息客舱、无边界学习系统，它们不是一个个单纯的技术，因为只有学习环境整体技术的发展，我们才能真正推动元宇宙的发展。

（四）要加强教育元宇宙相关技术标准建设

首先要明确元宇宙的技术架构和规则。比如说物联网、区块链等基础设施，增强现实、传感技术、采集规则、人工智能、大数据伦理等等，这些是元宇宙的基础。在此基础上，根据教育领域的实际需求，面向学生全面健康成长，结合各学科课程内容、课程标准和相关研究，发现教育的一般规律和特殊规律，并进一步总结出适用于教育领域的元宇宙的技术标准和伦理规则。

（五）要注重学习科学，以学习科学推动教育元宇宙发展

学习科学研究的是怎么学习，如何才能促进有效的学习。之前的很多研究告诉我们，只用技术，不一定能真的促进学习。那使用元宇宙就一定能促进学习吗？比如老师给学生们讲恐龙，学生们在脑子里想一想，就比真的看到恐龙的学习效果差吗？这个需要研究。所以，我们注重学习科学的研究，就是要将学习机制研究清楚，这样才能真正推动元宇宙的应用。

（六）要注重游戏化学习和教育元宇宙的融合创新

大家仔细去看看游戏和元宇宙，尤其是狭义的元宇宙，也就是虚拟世界，它和游戏在技术上是一样的，都是在一个虚拟空间里做事情。但是"第二人

生"闪耀一下就衰落了，而游戏"魔兽世界"一直受欢迎。为什么两者技术同源，但命运不同呢？可能就是因为虚拟世界缺少目标、任务、情感、联系，人们进去走一走、看一看，新鲜劲儿过去以后不知道做什么，就不去了。但是游戏不一样，它有任务、目标和朋友。在 Facebook 的虚拟世界里，活跃用户很少，有一场活动甚至只有 5 个人参加。我们现在通过网络，好像是坐在一起了，这种新鲜劲儿过去以后，兴趣就不大了。所以元宇宙真想成功，不能只是个虚拟世界，要研究、借鉴优秀游戏是怎么吸引人的。比如"探索亚特兰蒂斯"，就类似于元宇宙空间，还有"我的世界"，现在也特别热，还有很多类似的学习空间。创建游戏化的虚拟学习空间，这可能是一个趋势。

总结一下，元宇宙的发展给当前教育信息化的发展带来了新机遇。在这个时代既要注重元宇宙研究，又要谨防元宇宙神话，还要深入研究教育元宇宙的顶层技术和标准建设。要结合学习科学、游戏化学习等方式，将元宇宙有机地融入教育教学过程中，才能促进教育的数字化转型，推动教育现代化。

梁念坚

网龙网络有限公司副董事长

教育元宇宙

网龙网络有限公司已经成立 23 年了，其实我们一开始是做 AI 的，后来做游戏做了很长时间，2008 年在香港上市。2013 年，我们把 91 助手转让给百度后，手上有了一些资金，想投入一个新的行业。那个时候，希望投入的这个行业可以长期发展，另外作为一个上市公司，希望回馈社会。我们分析了医疗和教育这两个行业。我们跟医疗完全没有关系，因为我们是做游戏的，所以就决定做教育。为什么教育跟游戏有关呢？因为游戏化是一个大的话题。

我们确定了做企业的两种方式：一种是自己开发，一种是做并购。这让我们在短短几年内，发展成一家全球企业。为什么我们希望回馈社会呢？因为教育的公平或者不公平，是一个很大的问题，不只是在中国，在世界各国都有这个问题。教育改革这么多年了，还没有大的改变。我们想看看有什么办法，可以进行教育改革。当时元宇宙的概念还没成熟，网络游戏"第二人生"提出一个类似于元宇宙的概念，它已经把怎么搭建，有什么挑战，讲得很清楚了。

网龙网络有限公司不但在国内做研发，在国外也做。我们公司不光在技术上做研发，在管理方面也利用了元宇宙的概念。公司的 CEO 是一个虚拟的人，这就是用元宇宙的概念，利用 AI（人工智能）帮助我们解决问题。我们一边学习，一边把我们的经验分享给客户。一段时间加密货币很火，现在又是加密货币的冬天。现在应该继续投资区块链领域吗？我们的答案是继续投资。

我们经历了很多波折，最后每一个项目都做得很成功。我们觉得区块链的前途光明，因为有几个重要的地方，一个是去中心化，下面我会讲它为什么重要。

我们把所有的技术提供给所有的人，所以在 Web3.0 里的技术，全部是开源的，也是对整个 Web3.0 的开发有帮助的。因为是开源，不用重复"造轮子"，无论是数据方面还是内容方面都有。我们觉得元宇宙的潜力大，非常看好它。

我们也相信教育工作者，特别是教师。我们讲教育，往往忘记了教师很重要。看看现在的情况，教育工作者扮演的角色是什么？他们的角色是比较被动的，他们是传播者，也是实践者。在学生那里，他们还是引领者。有很多平台，都不是服务于他们的。教育工作者也好，学生也好，如果用元宇宙的概念，整个事情就改变了。因为大家都来参与，一起来搭建，教师有不同的身份。他们既是教师，也是创作者，贡献他的资源，也可以应用区块链技术进行管理。学生在学习方面，是受益者，他们也可以在里面做贡献。刚刚讲的游戏，用户在里面参与创造，这非常好。更重要的是，数据跟一些资源，都是在他们个人身上，不是在某个中心、某些公司，对于教育未来的发展有非常好的影响。

我们在区块链领域，有很多实际的例子，可以解决很多"痛点"。企业的"痛点"就是数据安全问题，这在全世界都非常敏感。现在有很多技术问题，导致数据集中在一起。基于区块链的解决方案，就有非常好的效果。可以用更好的加密密钥技术和去中心化存储，取代中心化的数据。目前，学生的档案在教育机构里或公司里，没有统一性。如果用区块链技术，每个人可以有数字 SSI

（自我主权身份），有自己的数据和资料，并且有验证。

现在的产品所有权，都是公司享有。有了区块链以后，UGC（用户原创内容）也好，或者DIY（自助）内容也好，用NFT（非同质化代币）的形式，可以提供给其他老师和学生，大家可以共享。这也可以帮助教育来发展。

最后也是目前的一个挑战，就是数字素养。在课程里，如何让学生针对数字技术做好准备。我们用元宇宙元素，把它放在学习平台上，这方面的事情就可以解决，至少可以做得比较顺畅一点。

解决方案是什么呢？刚刚尚教授也讲到，其实有很多技术还不成熟，怎么做呢？我们的看法是，不需要昂贵的VR（虚拟现实）设备，一台电脑、一个手机就可以做。虽然体验不一样，但是现在就可以做。作为科技公司也可以帮忙，把复杂的事情简单化。科技公司往往把技术讲得太复杂，把别人都吓跑了。科技公司应该让技术越简单越好，让老师和学生不用担心技术的问题，由我们来担心，他们做出自己的贡献就可以了。我们把加密币的价格波动问题解决掉，当然这个在中国不适用，因为中国禁止任何机构开展与加密币相关的业务。我现在举的例子可以给新加坡做参考：采用加密币的方法，鼓励老师在元宇宙里做贡献。我们把元宇宙从虚拟引入现实中，像O2O（从线上到线下）、OMO（线上、线下的融合）就都有了，可以连接在一起。

我们把区块链的功能放在核心区域，这使得学生也好，老师也好，可以不用担心，有我们在后面进行技术研发。比如说大家的谈话内容，我们会在系统里面、在元宇宙里面，自动把它生成一个NFT。然后老师也好，学生也好，因为拥有NFT，就可以决定如何应用，是收钱还是不收钱。每个人都有自己的数据，每个人对数据都有拥有权。技术研发由我们来做，老师和学生只需要使用系统就可以。

我们把加密币的事情做好，这里面有一个概念，叫作边学边赚。这对老师来讲，对学生来讲，都是很大的鼓励。这是我们在元宇宙里运作的第一步，目前在新加坡已经有很多学校在用了，我们计划把它推广开来。

总结一下，虽然在元宇宙里有很多 VR（虚拟现实）和 AR（增强现实）技术还不成熟，但不代表我们不可以把元宇宙理念带进教育里面。另外还有一个情况，因为现在有疫情，很多时候学生不到学校。有一个元宇宙，也可以解决一些问题。在过去的两三年里，由于疫情原因，我们公司的发展比以前更快了。

我们认为，元宇宙的好处在于：老师跟学生，不仅是使用者，而且还是建设者，也可以把家长带进来。我们是一家科技公司，初心很简单，把技术研发做好，让老师和学生不用担心技术问题，他们只需要好好地在里面工作、学习即可。公司在这方面投入挺多的，我们不仅对杭州的一个 AR（增强现实）公司有投入，而且还投入了一些虚拟偶像公司和直播公司。以后，我们应该把所有的技术、科技、模式都融入元宇宙中去。

许 鑫

华东师范大学信息管理系教授

教育元宇宙应用研究与实践探索

我今天主要分享五个方面的内容，概括一下就是：一组观点，两套理论，三个项目，四类技术，五项研究。其中，三个项目是我们课题组在高教、基教和职教上的元宇宙应用实践，最后介绍课题组近期所推进的研究。

教育元宇宙还存在很多的空白以及不成熟的方面，我们希望抱着审慎、乐观的态度，积极尝试。

一组观点：教育数字化转型与教育元宇宙的理解

近年来，国家针对教育出台了很多政策，也明确提出了智慧教育的战略行动与计划，指出现在是数字化转型的关键阶段、特殊阶段。所以，无论是高校教师还是中小学教师，对于教育数字化转型都要有所了解。在这个过程中，我们关注教育数字化转型的若干趋势。这里列出了《福布斯》杂志评论教育数字化转型的六大趋势：增强/虚拟/混合现实，游戏化学习，学习空间再设计，个性化学习，人工智能和数字教室装备。将这六大趋势和现阶段的元宇宙技术进行对照就会发现，重合度很高。在此基础上，我们认为教育元宇宙是教育数字化转型的新模态。以前在谈元宇宙的时候，更多谈的是沉浸感、交互性、构想性，现在要赋予其新的含义，包括对于教育的把握，对于知识的深化和智能分析。这也是我们所讲的教育元宇宙的特征。

实践告诉我们，在教育场景中，信息技术的使用，让我们能够解决时空的局限性。传授者和学习者的关系，也得到了重构。教育者可以和开发者共同开发新的教学模式，学习者也能够获得更多更好的学习资源。在多元空间和无限资源的条件下，既可以解决教育抽象和危险的问题，也可以解决教育资源分配不公的问题。

总结一下，我们认为"教育＋元宇宙"能够推动教育创新，优化教育资源布局，充分发挥为技术保驾护航的作用。同时能够为基础设施领域新技术的应用带来更多可能性，要不断去探索。对教育元宇宙来讲，这是一个值得广泛关注的点。我们所理解的教育元宇宙，是教育数字化转型的新模态。

两套理论：具身认知理论和情境学习理论

有两套理论，在这个过程中被充分应用：一个是具身认知理论，一个是情境学习理论。在具身认知方面，随着元宇宙场景的不断开发、完善，我们在认知、身体和环境一体化上，拓展得比以前更加丰富，可以真正做到在"做中学"，这是一个很大的跃进。在情境学习方面，以前我们很关注真实的情境、实践的情境、文化的情境，强调在哪里学。在元宇宙的环境开发成功以后，对于以前不宜进入的情境，能起到一定弥补作用。就像刚刚讲的危险情境，就是不宜进入的情境。再比如说，成本很高的情境，也是不宜进入的情境。如果需要进入这些情境，我们可以通过元宇宙来提供可能。

三个项目：在高教、基教和职教上的元宇宙应用实践

下面结合我们的实践，与大家做一些分享。先讲一下国内外已经有的一些元宇宙实践。这是一个英国考古教学的例子，在英国有一个挖掘拜占庭时期古迹遗址的项目，把它数字化了；这是一个韩国飞机维修的例子，飞机的零部件组合在数字空间重现了，极大地节约了培训成本，因为一架飞机要上亿美元；这是一个海事培训的例子，为造船、海上救援提供了数字虚拟环境，方便我们去实践。在科普教育、医疗卫生方面，这是一个近距离去观察眼球的运动和运行机理的实例，还有心脏手术的实例。在韩国和巴西，科学家把人体结构数字化、虚拟化，实现了 3D 人体建模。这种情况在国内也有，福建医科大学也搭建了类似的医学培训元宇宙平台。

在上述例子中，元宇宙已经和教学场景有机结合，包括虚拟化身面对面、多种资源的兼容和呈现，也包含了虚拟空间的自由移动、个人交互学习、多人上课交互。这一系列的场景，方便了学习。在疫情期间，网络教学的临场感、实时性有所欠缺，而元宇宙能充分体现临场感。

课题组围绕三个方面，选择三个小场景，进行了尝试。2022 年 9 月 2 日，在世界人工智能大会上，我们发布了推进方案，介绍了我们所尝试的三个实践项目。在 2022 年 8 月 18 日，课题组就发布了上海 MBA 元宇宙中心的建设项目，我们选择了数字原生的建设路径。原生跟孪生的不同之处在于，我们并没有一个真实的上海 MBA 中心物理空间，但是我们把它在元宇宙中建立起来了。在此过程中，我们重点关注的是产教融合的落地，关注的是社交属性的充分体现。

2022 年 9 月，我们随即推出了面向中小学科学教育的元宇宙接入舱和空间站。既然元宇宙是一系列技术的集合体，我们考虑有没有可能把硬件、软件、数字资源进行深度集成，提供给使用者、学校一体化的智慧空间。在这个过程中，我们也能进一步去考察青少年对新技术的应用能力。我们起的名字叫"实验场"，为什么叫"实验场"，而不是某某项目或者某某工程呢？是因为有一些问题，还要通过研究去进一步解答，以解除我们所面临的困惑。

这里举两个小例子，大家可以体会一下，也是我们为什么要慎重的原因。比如，当我们进行 3D 课件转换的时候，希望得到本校数学学院教授们的帮助，就去跟他们交流。在我们介绍到如何把中小学立体几何课程通过 3D 空间的方式呈现给学生们，以便他们接受有关训练时，我校数学学院教授们提出了不一样的观点，他们认为这样会限制学生空间想象力的发展。于是我们就想：是不是我们做了很多事情，反而帮了倒忙呢？再比如，元宇宙场景中有比较强的声光电刺激，在这些声音、动画的刺激下，人的注意力是比以前更集中，还是更分散了呢？沉浸并不等于专注。这些需要进一步测评，所以我们也希望在这样标准化的物理空间，去开展学习能力、专注能力、抗压能力等方面的测试。

第三个项目跟职业教育有关，为什么把职业教育放在最后？因为职业教育的场景特别丰富，首先要解决工具的问题，而这个工具就是由自动化内容生成的。

我们把这部分内容快速过一下。这是上海 MBA 元宇宙中心，这是一个共建项目，由 16 所院校、18 家单位共同建成。我们提供了若干个空间场景，有教室、礼堂、研讨室、图书馆。这是面向中小学科学教育的一个元宇宙实验场，我们提供了四个数字虚拟空间，以实现和云平台的深度集成。这是我们共建的一个岛型园区，每个学习空间都可以登录进去，既提供了 AR 和 VR 的接入，也提供了裸眼 3D 展示和交互，在我们的物理舱体里可以直接进行体验和浏览。

这是未来企业数字员工实验室。我们在选择的过程中，希望找到大家共用的一些东西。最后我们选择了一个领域，就是关于 RPA（机器人流程自动化）的实践。我们可以很方便地把业务流程交给标准化机器来实现，这是在实际过程中所做的若干尝试。

在实践过程中，我们用到了很多技术，这里做一个简单的归纳。首先是常说的元宇宙六大核心技术：第一是区块链技术，是构建元宇宙虚拟体系资产的基础；第二是交互技术，交互技术能够为元宇宙提供沉浸式虚拟现实的体验；第三是电子游戏技术，它是元宇宙社会形态中最成熟的呈现方式，游戏技术对于学习场景的构建和学习设计很有帮助；第四是人工智能技术；第五是网络及运算技术，它是元宇宙在物理世界的承载者；第六是物联网技术，这是一个中间媒介，能很好地联结物理世界和数字世界。这是一些大家公认的元宇宙基本技术。

在此过程中，我们还有各式各样的通用工具。像刚刚提到的 Second Life 平台、百度希壤平台、网易瑶台等。这些是设备、设施，它们跟模式的选择有关，可以是 VR 眼镜、AR 设备，还可以是裸眼 3D 设备。AR 和 VR 经过一系列的发展，为什么在 2017 年出现了低谷，现在又逐步上升了呢？核心的一点，是因为我们的 3D 场景资源严重不足。我们希望通过论坛，鼓励大家多去推进。只有在场景资源丰富的情况下，元宇宙才能有更广阔的发展前景。

四类技术：数字场景、"数字人"、数字藏品与虚实交互

第一是数字场景技术，用于 3D 学习情境构建。第二是"数字人"技术，

用于创建"数字人"教师与"数字人"学生。第三是数字藏品技术，用 AIGC（人工智能生成内容）技术实现数据资产化。第四是虚实交互技术，即软硬件深度集成技术。

这是在实验场中构建的学习场景。各行各业都可以有"数字人"形象，有跟真人对应的，也有偏卡通的，也有超写实的。

在场景构建或者数字人制作过程中，有一项技术值得大家去关注，这就是 AIGC（人工智能生成内容）技术，它是在 UGC（用户原创内容）和 PGC（专业生产内容）之后，新一代的内容生成技术。通过这个技术，我们可以去关注资源的生成、资源的聚合、资源的利用，以及资源资产化。在资产化过程中，就需要 NFT（非同质化代币）和区块链技术的加持。

这是一些例子，有基于文本生成图像的例子，有基于文本生成 3D 模型的例子。有很多科技公司在帮助我们降低技术使用的门槛，帮助我们更加便捷、低成本地使用元宇宙。

无论是场景的构建还是内容的生成，AIGC 技术都是一个核心技术。当资源生成后，为了保证能确权和溯源，NFT 在元宇宙中被广泛应用。在国内，因为 NFT 有泛金融化风险被叫停了，所以国内把 NFT 调整为 NFR（非同质化权益）。区块链是构建元宇宙虚拟体系资产的基础，我们把以前的资源通过 NFT 的方式创建、共享和管理。这里我们把建设用的软件、硬件和数字资源集合在一起，叫作空间科技解决方案。我们在校区已经搭建了教育元宇宙的接入舱和空间站，一个小一点，一个大一点，另外还有定制化的空间应用解决方案。

五项研究：系统梳理、情感与认知测评、能力测评、问题和答案与干预训练

既然我们已经营造了这样的环境，下面再把最近正在推进的五项研究与大家做一下交流。

方向 1：教育元宇宙理论与实践的系统梳理。无论是技术方案交底书还是教育元宇宙白皮书，都在推进中。

方向 2：视听联觉机制下的情感与认知测评。我们有了更强的声光电刺激以后，就有了更强的沉浸性，这对于学习的影响、情绪的影响究竟如何？这是跨学科团队所做的第二项研究。

方向 3：虚拟现实课堂学习感知能力评测。我们希望在情感和认知模型的基础上，进行多模态数据的挖掘和分析，并且进行相应的测评。

方向 4：通过关键词提取生物具有教育意义的问题和答案。第四项研究跟 AIGC 技术有关，在 AIGC 技术方面，我们主要做文本的自动生成。最近的研究是通过相关技术做绘本内容讲解的自动生成，这样能够通过文本提取的方法、语音转换的方式，让"数字人"自动给小朋友去讲解。

方向 5：元宇宙对于自闭症儿童的行为干预训练。在行为干预中，最重要的环节就是泛化，我们认为元宇宙有可能解决泛化的"瓶颈"问题。这也是我们当前做的研究。

教育元宇宙是教育数字化转型的新形态、新模式，不能把教育元宇宙应用简单等同于 VR 教学，它有区块链的应用、人工智能的应用。教育元宇宙的发展要能够把握教育的本质。那么教育的本质是什么呢？就是能够真正促进学生的成长和进步。

蒋　里

斯坦福大学人工智能、机械人与未来教育中心主任

斯坦福全球创新设计联盟联席主席

斯坦福大学元宇宙课程教学分享

今天很荣幸，受到中国教育三十人论坛和程介明老师邀请，来分享我在斯坦福大学教授的元宇宙课程。斯坦福大学从 2021 年 9 月开始开设面向本科生的第一门元宇宙课程（这门课程纯讲元宇宙），从 2022 年的春季学期开始开设面向研究生的第一门元宇宙课程，这门课程跟本科生的课程不一样，增加了几个成分，跟今天的论坛很契合。

这门元宇宙课程一共有三个关键点：第一是元宇宙，第二是斯坦福创意设计思维，第三是教育。大家知道，斯坦福大学是一个非常具有创造力、创新力的学校。之所以斯坦福大学在创新方面这么厉害，是因为它从 20 世纪五六十年代就开始研究如何教学生进行创新了。斯坦福大学的约翰·阿诺德博士在 1959 年就提出了 Design Thinking（设计思维）这套创新方法论，这套方法论经过五六十年的打磨，变得非常成熟。这是一套培养创新创造能力的方法论，我在斯坦福大学也教授这方面的课程。因此，我把设计思维也融进来，再加上第三点——教育。用一句话来总结我教授的这门课程，那就是：我让研究生们在元宇宙的场景里，利用斯坦福创新方法论，去为教育进行创新。

课程开设于 2022 年春季学期，整个课程安排如下：前半学期主要以讲为主，讲元宇宙各方面的知识，给研究生介绍各式各样的元宇宙平台。我们也给研究生们提供了一个我的助教开发出来的元宇宙教育平台，让他们在平台里，进行提高教育质量的创新。后半学期主要以团队项目制学习为主。他们在教学团队的带领下，在元宇宙中进行教育创新。

下面我分享一下，在教授这门课程的过程中，我的几点体会。

第一，元宇宙的穿透力还很弱。我在斯坦福大学做过简单的调研，在斯坦福大学的研究生院里，大约有80%的人都没有真正体验过元宇宙。我确实也比较诧异，这些学生大部分还都是工程学院的学生。

第二，是讲给准备开设元宇宙课程的教师们的。早期的元宇宙课程在很大程度上会受到充电线的影响。这也是我一开课，特别头疼的一件事情。我们给所有学生都发了头盔，让他们记得课前充电。但是前面的好几节课，几乎一半的学生都忘记了事先充电，只好现场充电。这看起来是一件很小的事情，但是在很大程度上会影响到课程的效果。

第三，也是大家可以多思考一下的点。现在国外的元宇宙平台，其实是以未成年人为主的。任何时候，你上去都会感觉到80%以上是未成年人。成年人在里面是少数。未成年人才是元宇宙世界的主力军。未来会有一批孩子是随着元宇宙一起长大的，他们是元宇宙的原住民，他们对于元宇宙的熟悉程度比成年人高，而且他们对元宇宙的适应性明显比成年人强很多。

比如说，我也邀请了一些美国、中国的中学生，远程加入斯坦福大学的研究生元宇宙课程的学习，来测试这些为研究生设计的课件的适用性。有一些中学生是由老师组织一起参加的，但是在参加的过程中，我们看到学生对于元宇宙的适应程度明显比他们的老师高。最后，我只能让1~2个学生来当助教，教他们的老师如何登录元宇宙，如何在元宇宙中行动和学习。

这件事情很值得大家思考，不要觉得在元宇宙里，一定是老师教学生，也许翻转课堂，让学生来主导会有更好的效果。

陈继宇

香港理工大学专业及持续教育学院副院长

元宇宙在香港教育领域的应用

我们对元宇宙的推动，是希望协助全香港所有中小学尽快进入元宇宙世界。这里有一个背景因素，我看到现在有人在元宇宙买地，以我对元宇宙概念的理解，大家会有一次重生的机会——所有人都将改头换面走进元宇宙。另外，元宇宙的空间应该是动态的，变来变去，而不是固态的。

现在有很多从事元宇宙工作的人，喜欢将现实世界倒模放进元宇宙。我不太赞成大家将现实世界的苦痛带进元宇宙，比如去租地、买地。刚才提到要多元化发展，意思是每个人登录元宇宙的时候，看到的元宇宙摆设应该有所不同。比如学校应该放到最近，参与活动的机构可以像星球一样，从外面飞入元宇宙。我们不需要下楼梯、过马路，只需要按下一个键，就好像在电影中看到的一样，用手画个圆圈，便可以跨过去。我觉得应该是这样的。

我不希望有一些学校用一些我觉得不太合适的方式进入元宇宙，希望他们走一条正确的路。我找来一些义工或热心人士，去协助将这些空间绘画出来。我们访问了三四十所学校的校长，他们反映说，进入元宇宙从事教学工作，不希望再将他们的学校放在天水围，因为他们从天水围到市区开会需要一个小时。我告诉他们，这种事不会再次发生。

这样说来，需要绘图的功夫不用太多，反而要创造很多空间，让人可以随意进入元宇宙，去做自己喜欢的事。如果两所学校有联校活动，就可以像天空之城一样联系，然后进行他们的活动。

目前，这个项目的测试已经大致完成，本来想在 9 月 1 日配合开学启动，后来仍觉得不够完善。很多时候，看到人们建设元宇宙，并没有利用其他科技，比如大数据、机器学习，还有管理社交媒体的技巧。但我们会融入其他元素，比如学生在里面的学习行为，每一步怎样跳来跳去，可以有一些人工智能推送，教他们怎样去选，可以推动 Self- directed learning（自我导向学习），以自我为中心去选择学习路径。

刚才提到会提供一个空间，我们只需准备一个最基本的版本，然后提供一些培训。让老师和学生在元宇宙的学校里面去扩建校舍，让他们有较多机会和空间去做一些平日里在课堂上做不到的事，也可以让他们更快进入空间，去创造属于自己的元宇宙。

刚才提到的是学校版本，同时还有个人版本。让每位学生都有一个小小的领域，通过从事一些服务，比如帮助同学，甚至可以做生意，如给别人提供补习，或者几个人一起组建乐队。随着社交圈子的扩大，慢慢地开始经营自己的空间。

现在经常强调 Web 3，要去中心化管理。恰恰相反，学校版本是需要极度中心化管理的。个人版本反过来，可以去中心化管理。在学校里面要实行极度中心化管理，因为每所学校都有自己的校规。

我们提供一个大的框架和一些规则，然后由学校做出微调，这样学校很容易掌握学生的信息。在这里可以用一条线联系到个人版本，在那里是去中心化管理的。

很多校长以为，进入元宇宙就是要将现实世界倒模进去，对这一点我有一些担心。我并非说不让他们倒模，我可以教他们一些方法去倒模。我提供一个基本版，有一个门面，有几堵墙，你希望建设多少层的楼宇，或与现实的学校一模一样，自己可以去兴建。

我希望更精准地做到因材施教，因为我们会加入人工智能或机器学习等大数据分析，追踪学生的行为，在这方面我们已经获得专利。

一所很有名气的小学，跟我们一起运作了 8 个月的时间，合作非常顺畅。他们最初发展的是数学科，以后会扩展到中文、英语、常识等其他科目。

蒋　宇

教育部教育技术与资源发展中心副研究员

元宇宙在基础教育数字化转型中的机遇和挑战

听了各位专家关于元宇宙在教育领域应用实例的分享，我很受启发。下面简单谈一谈我个人对元宇宙在基础教育数字化转型中的机遇和挑战的认识。数字化转型是 2022 年非常火的一个词组，跟元宇宙差不多。党的二十大强调"推进教育数字化"，进一步明确了教育数字化转型在教育、科技、人才强国战略中的基础性作用。如何理解基础教育的数字化转型呢？主要根据以下三点：

第一，教育数字化转型的全局性。10 多年前提出信息技术对教育具有革命性影响，在"十四五"规划里，提的是在线教育，如今提到教育数字化转型的高度，这种转化具有全局性的影响。

第二，数字化转型中强调应用为王，寻找新的动能。信息技术之于教育，如果不谈应用，很有可能就造成技术的浪费或资源的浪费。在数字化转型中，需要寻找新动能，以提高利用信息技术的效益。

第三，在党的二十大报告中，"推进教育数字化"后面的那句，"建设全民终身学习的学习型社会和学习型大国"，相当于为数字化转型开辟了新的赛道。将信息技术应用到非正式学习和正式学习（包括职业技能培训）中，以技术进步赋能人的终身发展。这是如何理解数字化转型，基础教育的数字化转型也是一样的，这些为我们的元宇宙技术提供了哪些机遇呢？

　　首先，地位非常明确，数字化转型的提出，进一步证明了教育信息化作为教育现代化的战略性地位没有改变。技术的创新发展，新技术的应用推广，使得现代教育技术在教育现代化中的地位不可替代。

　　其次，在疫情期间，在线教学应该说给全国人民带来了"新鲜感"，从高教到基教，从乡村到城市，大江南北对于技术对教育的改变已经能够很好地认识了。教育部发布的最新报告指出，全国中小学校互联网接入率从2012年左右的约30%提高到2022年底的100%。互联网的普及，为元宇宙的应用提供了很好的基础。

　　最后，现在很多数字教育工程，比如国家智慧教育平台，基本建成了大数据中心和资源中心。平台积累了大量的数据，希望通过数据的积累，能够形成全国师生的画像和知识图谱。这种数据的积累，在教育系统形成了一种共识；这种数据的积累，也为我们发展元宇宙、应用元宇宙，提供了资源保障。

　　但是也存在挑战，刚刚许教授提出的许多观点，我很认同。相较于高等教育领域，信息技术在基础教育领域的应用进展缓慢。联合国教科文组织对信息技术应用有一个四阶段的划分，分别是起步、应用、融合和创新。在中国的基础教育领域，对于技术的应用有一个词叫"四代同堂"，即研究一代、试点一代、推广一代、普及一代。不管是四阶段，还是"四代同堂"，都表明了技术创新的发展阶段是依次递进、环环相扣的。由于外部环境的变化，使信息技术的应用不断向更高阶段演进，但是阶段之间不能割裂，每个阶段也不能完全被取代。

　　元宇宙作为一项颠覆性技术，首先要经历技术教育化的过程。技术教育化的过程，就存在三个明显的挑战。

第一，技术本身的成熟度。

第二，技术为教育特性所改造的程度。比如，是不是为教育的目标而设计；是进去看一看，还是进去学一学；有没有目标、规则和任务；内容开发有没有跟上等。

第三，信息技术的使用者对技术的依赖程度会反作用于技术发展的过程。

这三个挑战，在元宇宙探索初期表现得更加明显，所以会听到不同的声音。如何面对这些挑战呢？我看了30多个地方去年发布的关于元宇宙产业发展的政策，尤以北上广深一线城市为多。其中元宇宙对教育的政策期待，我简单归纳为以下三点：

第一，强调核心技术突破，这一项仍然必不可少。

第二，强调把握教育的本质，也就是刚才专家讲的，尤其在基础教育阶段，学生的认知能力不足、教师的专业素养缺乏，元宇宙如何为教育赋能？

第三，希望企业和教育机构进行深度合作。比如，在《北京城市副中心元宇宙创新发展行动计划（2022—2024年）》中，就明确提出要"支持元宇宙相关技术企业与教育机构深度合作"。

只有做到这三点，我们才能够直面挑战，攻坚克难，为元宇宙和教育的深度融合提供更广阔的空间。

刘海宾

成都市金牛实验中学

理念、课程、空间一体化的创客教育

大家好，我是来自成都市金牛实验中学的刘海宾，今天与大家交流我校创客实践，请大家多多指导。

虚拟现实技术是元宇宙的核心技术之一。我校利用虚拟现实技术开展的创客教育活动，让学生全身心投入其中，实现了在虚拟现实环境中的实践育人。我校创客教育开始于 2016 年，是学校在立人教育思想指引下开展的实践活动。根据中国学生核心素养体系与学校"立人教育"体系，我校构建了理念、课程、空间一体化的创客教育系统。实践案例获得两次国家级一等奖，并在北京国际智慧教育展上展示。

我校创客教育践行实践育人理念，以钱学森先生创立的人—机—环境系统工程为理论依据。

我校"立人创客网络学习空间"由数字教学、创新创造、分享交流、虚拟体验四大平台构成，全部采用开源软件自主研发、搭建、运维，其中虚拟现实空间采用"我的世界"游戏开源生态，融入创客教育前沿技术与 VR（虚拟现实）技术。2022 年，我校被教育部评为"2021 年度网络学习空间应用普及活动优秀学校"。目前，该空间已经在成都市 100 多所学校示范推广。

我校整合国家课程，结合校本创客课程，形成了乐创、乐享、乐课的项目式学习课程体系。简单分享两个案例：一个是将峨眉山的卫星图片变为 3D 模型和虚拟实景，另一个是对我校建筑实物进行模仿创造，将其变为 3D 模型和虚拟实景。我们在 UMU（北京优幕科技有限公司）互动学习平台上创建的"初中生游戏化学习天府广场建设与课程分享"课程，被雒亮、祝智庭教授选取，并被他们作为典型案例在其论文《元宇宙的教育实践价值与目标路径辨析》（2022年第 6 期《中国远程教育》）中进行分析。

立人创客校本课程核心理念：做学生们喜欢的教育。教育部认定的优秀网络学习空间展示为创新创造、分享交流、数字教学、虚拟体验四部分，特别是在元宇宙中体验"电脑中的电脑，游戏中的游戏"。我校的学生团队利用互联网合作搭建"未来学校"三维场景模型，构建"三人行"学生自组织大班游戏化学习超市，破除乐享平台用户"数据壁垒"，学生们可在游戏中体验虚拟机器人编程，在虚拟现实空间自主搭建成都天府广场模型与学校模型。融通 3D 打印建模，内化举一反三，多维度培养学生数字创造力，在像搭积木一样简单的可视化拖拽中学习编程。通过线上线下融通体验虚拟与现实融合的万物互联前沿科技，在游戏中培养学生的自主合作能力，体验人工智能与元宇宙虚拟现实。

高考成绩 670 分、被南方科技大学教授亲自前来录取的立人小创客林宇航同学，就来自成都市金牛实验中学。2020 年，在我校召开的全国高品质学校建设学术研讨会"STEM+教育"论坛会场，林宇航同学向与会代表们讲解自己参与元宇宙游戏化学习项目的情况，他说："这是同学们在游戏中创建学校的项目，我们经过了乐创、乐享、乐课三个阶段：乐创是我们自己上网搜集数据，然后在游戏里建造；乐享是我们把实践过程写成文章，甚至拍成视频发布到网上，吸引公众来观看；乐课就是我们在 UMU 互动（UMU 互动学习平台）、

CCTALK（实时互动教育平台）等平台上，把我们创作的经验编成课程，并且系统传授给校内外更多的同学。"

通过实践立人的方式实践立教：结合成都市区信息科技学科教研活动，我校成立了开放的开源数字教学社区，采用在线观摩、体验、实践的方式，推广并帮助 100 多所学校构建了自己的网络学习空间，尝试探索教师发展机制。

跋

第五届世界教育前沿论坛，于 2023 年 1 月 7 日在线上举行。本着为关心教育的广大观众展现全球教育发展研究前沿的初衷，我们这一届论坛选择了四个方面的内容来探讨。

首先，我们邀请到了 2022 年两位一丹奖得主，美国的琳达·达林哈蒙德（Linda Darling-Hammond）和中国的朱永新。他们两位都是在本国无出其右的教育领军人物，而且能够同时包容微观的教育实践以及宏观的教育政策。在论坛上，他们还为我们作了非常难得的跨国对话。

其次，我们安排了涉及三个研究前沿的朋友们，从各个方面分享他们的观点与实践经验。这三个前沿分别是：积极教育（在港、台称为正向教育）、可持续发展与体验学习、元宇宙与教育。我们请了来自中国、新加坡、美国的讲者。他们之中有理论研究者，也有实践者与推广者，还有参与教育的工商界朋友。本届论坛精彩纷呈，的的确确让我们看到了教育前沿的无限风光，有些也许还只是凤毛麟角，有些则已经遍地开花。

这一届世界教育前沿论坛，中国、新加坡、马来西亚等国都有热心教育的人士参加。有些地方的教育当局或者是办学机构，还组织教师集体参加。论坛盛况得到多家媒体报道。我们除受到鼓舞以外，更觉责任重大。

谨以这册文集，让参与者回味与留念，对无缘出席者聊作补偿。

癸卯春节

附录

第五届世界教育前沿论坛媒体报道（部分）

序号	媒体	内容（题目）
1	网易教育	全程直播
2	搜狐教育	全程直播
		世界都在关注哪些教育热点问题？第五届世界教育前沿论坛举行
		朱永新对话斯坦福大学琳达·达林哈蒙德：中美教育家如何看教育未来趋势？
		朱永新：时代的六大剧变，教育的四大转型
		走近一丹奖得主
3	巨浪视线	全程直播
4	明德云学堂	全程直播
5	晶报	世界都在关注哪些教育热点问题？第五届世界教育前沿论坛举行
6	深圳晚报	世界关注哪些教育热点？第五届世界教育前沿论坛举行
7	香港大公报	第五届世界教育前沿论坛举行 聚焦元宇宙与教育等前沿问题
8	深圳特区报	第五届世界教育前沿论坛聚焦教育转型与可持续发展问题

（续表）

序号	媒体	内容（题目）
9	中国青年报	专家热议教育转型与未来：间隔性终身化学习将成为常态？
10	中国新闻网	第五届世界教育前沿论坛举办 一丹奖得主谈教育转型
11	中国日报	第五届世界教育前沿论坛举行
12	21世纪经济报道	教育元宇宙何时常态化应用？专家建议纳入教育数字化战略行动
13	经济观察报	第五届世界教育前沿论坛关键词：教育转型与可持续发展问题
14	现代教育报/学习强国	世界都在关注哪些教育热点问题？第五届世界教育前沿论坛举行
15	中国网	聚焦教育未来，第五届世界教育前沿论坛举行
16	环球网	第五届世界教育前沿论坛举行：聚焦教育未来，抓住教育趋势走向
17	界面新闻	教育元宇宙、可持续发展与体验学习……世界都在关注哪些教育热点话题？
18	中国教师报	第五届世界教育前沿论坛举行
19	中国教育报	第五届世界教育前沿论坛举行
20	科技日报	"元宇宙+教育"会碰撞出怎样的火花？